L'AMOUR
ET LE MARIAGE

SELON LE SPIRITISME

SYNTHÈSE PSYCHOLOGIQUE

DONNANT LE SENS ÉSOTÉRIQUE DE LA GENÈSE

PAR

J.-E. GUILLET

La licence, sortie des allégories étroite
et mesquine, confondra l'immoralité et la
vaincra.   ALLAN KARDEC.

Dieu a fait l'homme et la femme au
point de vue de l'Esprit et non du corps.
            J.-B. ROUSTAING.

PARIS

LIBRAIRIE DES SCIENCES PSYCHOLOGIQUES

5, RUE DES PETITS-CHAMPS

—

1888

L'AMOUR ET LE MARIAGE

SELON LE SPIRITISME

DU MÊME AUTEUR

A LA MÊME LIBRAIRIE

LA CHUTE ORIGINELLE SELON LE SPIRITISME

SYNTHÈSE SPIRITUALISTE

Un vol. in-18. — Prix...................... **3 fr. 50**

LES QUATRE ÉVANGILES DE J.-B. ROUSTAING ET LE LIVRE DES ESPRITS

ÉTUDE COMPARATIVE

Br. in-8°. — Prix........................... **1 fr.**

L'AMOUR

ET LE MARIAGE

SELON LE SPIRITISME

SYNTHÈSE PSYCHOLOGIQUE

DONNANT LE SENS ÉSOTÉRIQUE DE LA GENÈSE

PAR

J.-E. GUILLET

La *Genèse*, sortie de l'allégorie étroite
et mesquine, confondra l'incrédulité et la
vaincra.   ALLAN KARDEC.

Dieu a fait l'homme et la femme au
point de vue de l'Esprit et non du corps.
J.-B. ROUSTAING.

PARIS

LIBRAIRIE DES SCIENCES PSYCHOLOGIQUES

5, RUE DES PETITS-CHAMPS

—

1888

PRÉFACE

Nous présentons à la méditation de nos frères en spiritisme la partie complémentaire et explicative de *La Chute originelle*.

Ainsi que l'indique son titre, cet ouvrage renferme la solution de la question génésiaque, telle qu'elle ressort des principaux livres médianimiques, depuis Swedenborg jusqu'à nos jours.

Le lecteur ne trouvera donc là rien qui ne soit, dans son ensemble, l'expression de la pensée des Esprits supérieurs.

Le côté moral est ce qu'on néglige le plus en spiritisme. Il nous semble qu'une réforme serait opportune, à savoir: mettre au second plan, dans la propagation de la doctrine, la provocation des phénomènes qui, laissés au premier, font assimiler les médiums aux prestidigitateurs et aux fakirs.

Allan Kardec l'a dit : « *On s'est moqué des tables tournantes ; on ne se moquera jamais de la philosophie et de la morale qui en découlent.* »

Puisse ce livre être la justification de cette parole !

1ᵉʳ décembre 1887.

J.-E. G.

L'AMOUR ET LE MARIAGE

SELON LE SPIRITISME

PREMIÈRE PARTIE

Le sujet que cette étude vient développer est aussi vieux que le monde ; c'est un sentiment qui prend sa source dans les profondeurs du cœur humain, et depuis qu'il y a des êtres pensants sur la terre, il a été l'objet de commentaires sans fin.

Chanté par les poètes, célébré par les romanciers, analysé par les philosophes, ce sentiment merveilleux puise non seulement sa force dans la constitution intime de l'être, *mais encore établit la puissance même de son individualité.*

La loi sur laquelle il repose est une loi naturelle, autant qu'un besoin de l'âme , mais son application, facile au point de vue matériel, est souvent très difficile au point de vue de l'idéal. La double nature humaine, lorsqu'on l'analyse, présente le double spectacle de l'attraction et de la répulsion; elle veut et ne veut pas, elle désire et elle redoute, et de ce combat incessant de l'esprit et de la matière résulte un malaise intérieur, dont le cœur est souvent la victime.

En face de cette passion, si naturelle et si redoutable à la fois, qu'on appelle « Amour », l'imagination reste confondue, ou plutôt s'étonne des causes qui la produisent et des effets qui en résultent. Autant cette loi sublime donne le bonheur, la joie, la félicité, quand son fonctionnement est d'accord avec son principe divin, autant elle engendre le malheur, le dégoût, le désespoir même, lorsque son application est faussée.

Notre âme tend vers l'idéal; sa préoccupation constante, malgré toutes les entraves, est, si l'on peut s'exprimer ainsi, la folie du bonheur; et l'idéal du bonheur c'est, pour elle, de trouver sur son chemin une autre âme qui la comprenne, qui la recherche, qui l'aime, en un mot!

On lit dans la Genèse cette parole profonde : « *Il n'est pas bon que l'homme soit seul.* » Nous

savons que par l'homme on entend aussi la femme ;
retournant alors le précepte, on peut dire : Il n'est
pas bon que la femme soit seule ; et comme les deux
réunis, *retenons bien cela*, représentent *l'être
complet*, il nous faut conclure en disant : *Il n'est
pas bon que les êtres soient incomplets*.

Telle est la loi, pleine de mystère, inscrite au
début de la vie humaine.

L'union des êtres, matériellement parlant, est un
sujet trop connu pour que nous nous y arrêtions.
La nature nous avertit à quel moment son fonctionnement doit se produire, et les lois humaines, civiles
ou religieuses, ont réglé d'une manière absolue,
suivant les climats, à quelle époque de la vie le
mariage peut s'accomplir : toute infraction à cette
règle est considérée comme un attentat à la morale,
ou un outrage à la vertu.

Mais si les lois ont fixé d'une façon précise les
limites du devoir, en tant que rapports corporels, en
est-il de même au point de vue spirituel ? En d'autres termes, l'amour idéal est-il absolument subordonné à l'amour légal, et peut-il exister, dans l'u-
nivers, deux attractions distinctes et indépendantes

l'une de l'autre : l'union des âmes, et celle des corps ?

A ne considérer que la partie grossière de l'humanité, celle où grouillent les sentiments les plus abjects, il semble, au premier abord, que le règne de la matérialité y étende seul son empire ; néanmoins, quand on pénètre au fond des choses, là, comme dans la partie élevée de la société, on découvre, non seulement des marques de sensibilité, mais, disons-le hardiment, l'amour ou la haine portés à leur plus haut degré de puissance !

Partout où l'homme a étendu son domaine il fournit des preuves de cette faculté indéfinissable d'attraction ou de répulsion : chez les peuples sauvages comme chez les nations civilisées, dans les enfants comme dans les adultes, et dans l'un comme dans l'autre sexe. Sous ce rapport il n'y a point de différence entre les habitants de la *Case de l'oncle Tom* et les favoris de la cour de Versailles. Sous toutes les latitudes, dans toutes les régions, partout où bat un cœur humain, l'amour fait sentir sa présence et invite ses esclaves au banquet éternel.

Quelle est donc la cause de cette double puissance, ou plutôt de cette puissance à double effet ? Quelle

est son origine ? D'où vient son principe ? Pour le
savoir, nous n'avons *qu'à prendre l'âme pour
point de départ.*

« Quelque admirable que soit la structure de notre corps, dit Jean Reynaud, ce serait se méprendre
grandement que de regarder cette constitution
comme faisant partie de la nature humaine : elle
n'en fait pas plus partie que l'univers ne fait partie
de la nature de Dieu. Ce qui appartient réellement
à notre nature, et ce qui en est par conséquent inséparable, c'est la faculté au moyen de laquelle
nous composons, entretenons et gouvernons le corps.
C'est là ce qu'il faut honorer, si l'on veut honorer
l'homme dans ce qu'il a d'essentiel, car c'est là ce
qui jouit en lui de l'immortalité. L'âme a non seulement une puissance qui se réfléchit dans le domaine intérieur de l'être, mais aussi une puissance
qui prend carrière au dehors et qui ne lui est pas
moins essentielle : c'est de celle-ci que procèdent
les assimilations, les transformations, les sensations,
les mouvements ; c'est par elle que l'infini de l'âme
et l'infini de l'univers se trouvent liés ensemble. »

L'âme, isolée du corps, voilà selon Jean Reynaud,
ce qui constitue vraiment la nature humaine, et il a

raison, car nous savons, par le spiritisme, que le corps n'est qu'un moyen de communication pour agir sur la matière, et par lequel l'âme manifeste, dans le domaine des sens, les sentiments qui l'agitent.

Mais les âmes sont-elles toutes pareilles ? N'y a-t-il rien qui les distingue ? En un mot, les Esprits ont-ils un *« sexe »* ?

A cette question délicate, qui, selon la solution qu'on lui donne, ferait de l'espace un ciel de Platon ou un paradis de Mahomet, Jean Reynaud répond : « Fermez le ciel aussi strictement que vous le voudrez à la Vénus impudique, ce n'est pas moi qui réclamerai pour elle ; mais laissez-y, de grâce, la Vénus Uranie. Si l'une est la tumultueuse enfant de nos instincts, l'autre est la fille divine du cœur, du goût et de l'esprit : le ciel est sa patrie, et vous n'en sauriez priver le ciel sans détruire, par cet exil insensé, une partie essentielle de sa magnificence. Si la beauté physique est pleine d'amabilité par elle-même, n'est-elle pas encore infiniment plus aimable lorsqu'elle se joint aux attraits de l'intelligence et de la vertu ; bien plus, lorsqu'à tous ces attraits réunis s'ajoutent les attraits souverains de la sexualité ; et j'entends par là ce contraste profond dans la manière de sentir la vie, de s'y poser, de s'y conduire, lequel, loin de nous choquer par la dissemblance, nous attire, au contraire, avec une séduction invincible.

« Il n'est pas nécessaire, continue Jean Reynaud, d'avoir pénétré bien avant dans l'analyse du cœur *pour y distinguer les différences vitales qui séparent le caractère masculin du caractère féminin*, différences dont celles des corps ne sont sans doute qu'une correspondance, *ou même qu'une répercussion*. Le système des oppositions et des prédominances qui se découvrent d'un sexe à l'autre, entre les qualités et les inclinations de l'âme, forme une dualité composée des nuances les plus fines du sentiment et de la raison, de la tendresse et de la force, de la retenue et de l'audace, de l'action et de la passion, que je ne veux point m'exposer à écraser sous l'appareil des définitions métaphysiques, et que je laisse plus volontiers à l'appréciation de quiconque a obser é à la vie humaine avec goût. C'est sur les lois de ces nuances que repose le principe de la sympathie réciproque des deux sexes, dont le jeu essentiel consiste à nous faire apercevoir dans autrui les prédominances inverses de celles qui nous caractérisent, et à nous y attacher cordialement, parce que l'image qui prend ainsi naissance en nous à côté de la nôtre complète celle-ci en s'y mariant, et nous charme sur tous les points par ses contradictions délicates. Nous ne pouvons nous aimer sans aimer instinctivement, par là même, ce qui remplit nos lacunes, et nous met, en s'incorporant avec nous, sur la voie de la perfection. Tel est le fond du mystère de l'androgynie, qui ne fait que poindre sur la terre, et qui, malgré les développements qu'il ne cesse d'éprouver d'âge en âge, à mesure des progrès du genre humain, ne nous est sans doute enseigné jusqu'ici que par des ombres ; mais, comme tous les biens d'ici-bas qui sont en voie de s'agrandir, et au fond desquels brille un trait d'infinité, celui-ci ne doit-il pas naturellement recevoir, *dans les existences d'en haut,* tous les perfectionnements qu'il appelle. »

Cette magnifique description des attributs divins de l'androgynie, que contient le beau livre, *Terre et Ciel,* de Jean Reynaud, présente le phénomène de l'amour sous son jour véritable, c'est-à-dire dégagé de toute affinité avec la matière.

Si, maintenant, du livre évidemment inspiré de Jean

Reynaud, nous passons aux Livres révélés par voie médianimique, et à commencer par Swedenborg, nous y trouverons une doctrine à peu près semblable. On sait que Swedenborg était un médium naturel, extatique, voyant et auditif. Ses immenses travaux spiritualistes ont donné naissance, en Europe comme en Amérique, à divers centres d'études; et c'est grâce à lui et à ses continuateurs qu'Allan Kardec, *sans être médium lui-même*, a pu asseoir le spiritisme sur des bases solides, en en coordonnant les principes d'après une logique rigoureuse (1).

Malgré cela, certains points de la doctrine, tels que le départ initial de l'âme, la chute originelle, le sexe des Esprits, sont restés obscurs. Nous avons déjà argumenté ailleurs sur les deux premiers (2); notre sujet nous y ramènera.

Si l'on entend par « sexe » l'organisme corporel dans ses applications usuelles, l'Esprit à coup sûr

---

(1) C'est de Swedenborg que date l'ère du *spiritualisme moderne*, désigné à juste titre par Allan Kardec sous le nom de SPIRITISME.

(2) Voyez *la Chute originelle selon le Spiritisme*, d'après la synthèse des livres révélés; — *Les Quatre Évangiles de J.-B. Roustaing* et le *Livre des Esprits*.

n'en a pas; mais si, comme Jean Reynaud, on comprend sous ce nom la loi des nuances qui caractérise le masculin et le féminin et qui, selon lui, n'est qu'une correspondance, *une répercussion de l'âme dans le corps*, on peut dire que les Esprits ont une *sexualité*.

Voici, à titre de préliminaires, ce qu'on lit dans Swedenborg :

« De ce que le Ciel est composé du Genre humain, et que par suite les Esprits y sont de l'un et de l'autre sexe; et de ce qu'il est de création que la femme soit pour l'homme et l'homme pour la femme, ainsi l'un pour l'autre; et enfin de ce que cet amour est inné dans l'un et dans l'autre, il s'ensuit qu'il y a des mariages dans les Cieux de même que sur les globes; mais les mariages dans les Cieux diffèrent beaucoup des mariages sur les globes.

« En quoi ces mariages diffèrent-ils? — Le mariage dans les Cieux est la conjonction de deux en un seul Mental. Le Mental consiste en deux parties, dont l'une est appelée Entendement et l'autre Volonté. Quand ces deux parties font un, alors elles sont dites un seul Mental; le mari y fait cette partie qui est appelée Entendement, et l'épouse, celle qui est appelée Volonté. Lorsque cette conjonction, qui appartient aux intérieurs, descend dans les inférieurs qui appartiennent à leurs corps, elle produit l'amour conjugal. De là, il est évident que l'amour conjugal tire son origine de la conjonction de deux en un seul ; c'est pourquoi deux époux dans le Ciel sont appelés non deux Anges, *mais un Ange.*

« Qu'il y ait ainsi une telle conjonction du Mari et de l'Epouse dans les intimes qui appartiennent aux Mentals, cela vient de la création même ; c'est même ce qui se voit clairement d'après l'inclination ou le caractère inné de l'un et de l'autre, comme aussi d'après leur forme : d'après le caractère, en ce que l'homme agit d'après la raison, et la femme d'après l'affection ; d'après la forme, en ce que l'homme a la face plus rude, la parole plus grave, et que la femme a la face plus belle, la parole plus tendre ; semblable différence existe entre l'Entendement et la Volonté, ou entre la Pensée et l'Affection.

« Dans les mariages des Cieux, il n'y a aucune prédomination ; car la volonté de l'épouse est aussi celle de l'époux, et l'Entendement de l'époux celui de l'épouse, puisque l'un aime à vouloir et à penser comme l'autre, ainsi mutuellement et réciproquement ; de là leur conjonction en un ; de là l'amour conjugal. En effet, tout ce qui est senti et perçu

dans le corps tire son origine de son spirituel, puisqu'il la tire de l'entendement et de la volonté, *d'après
la loi des correspondances*. L'amour de domination de l'un des époux sur l'autre détruit entièrement
l'amour conjugal et son plaisir céleste, plaisir qui
consiste en ce que la volonté de l'un soit celle de
l'autre, et cela mutuellement et *vice versa ;* cette
condition est détruite dans le mariage par l'amour
de la domination, car celui qui domine veut que sa
volonté seule soit dans l'autre, et qu'en outre, la
volonté de l'autre soit nulle, d'où il résulte qu'il n'y
a rien de mutuel, par conséquent aucune communication de quelque amour avec l'autre, et *vice versa.*
Quand l'un veut ou aime ce que l'autre veut ou aime,
il y a liberté pour l'un et pour l'autre, car toute
liberté appartient à l'amour; mais il n'y a liberté
pour aucun des deux quand il y a domination ; l'un
est esclave, et celui qui domine l'est aussi, parce
qu'il est conduit comme un esclave par la passion de
dominer; mais cela n'est nullement saisi par celui
qui ne sait pas ce que c'est que la liberté de l'amour
céleste.

« Par là il est évident qu'ils ne sont pas dans
l'amour conjugal, ceux qui sont dans la fausseté, ni
à plus forte raison, ceux qui sont dans la fausseté

d'après le mal. Chez ceux qui sont dans le mal, et par suite dans la fausseté, les intérieurs qui appartiennent au Mental ont même été fermés; aussi ne peut-il y exister aucune origine de l'amour conjugal; mais au-dessous des intérieurs, dans l'externe ou naturel séparé de l'interne, il y a conjonction du faux et du mal, conjonction qui est appelée *mariage infernal*: il y a entre eux des entretiens lascifs et des conjonctions lascives, mais intérieurement ils brûlent l'un contre l'autre d'une haine mortelle, qui est si grande qu'elle ne peut être décrite.

« J'ai entendu, dit encore le grand Voyant suédois, un Ange décrire l'Amour vraiment conjugual et ses plaisirs célestes, en déclarant que c'est le Divin dans les Cieux, c'est-à-dire le divin Vrai et le divin Bien, unis dans deux êtres, au point qu'ils sont non pas deux, mais un. Il disait que deux époux dans le Ciel sont cet amour, parce que chacun est son bien et son vrai, non seulement quant au mental, mais aussi quant au corps, car le corps céleste est l'effigie du mental, parce qu'il est formé à sa ressemblance. De là vient que dans cet Amour ont été inscrites toutes les choses du Ciel, et tant de béatitudes et de délices, qu'elles dépassent un nombre qu'il exprimait par des myriades de myriades.

« Les mariages dans les Cieux, dit enfin Swedenborg, diffèrent des mariages sur les terres en ce
que ceux-ci sont pour la procréation d'enfants, et
qu'il n'en est pas de même dans les Cieux ; au lieu de
cette procréation, il y a dans les Cieux une procréation de bien et de vrai. Si cette procréation remplace
l'autre, c'est parce que là le mariage est celui du
bien et du vrai et qu'on y aime par-dessus toutes
choses la conjonction du vrai et du bien. D'après
cela il est évident que les mariages dans les Cieux
ne sont pas comme les mariages sur les globes : dans
les Cieux, il y a des noces spirituelles qui doivent
être appelées, non pas des noces, mais conjonction.
Sur les terres, au contraire, il y a des noces, parce
qu'elles concernent non seulement l'Esprit, mais la
chair ; et comme il n'y a pas de noces dans les
Cieux, deux conjoints n'y sont pas appelés mari et
femme, mais chacun des conjoints, d'après l'idée
angélique de la conjonction de deux mentals en un
seul, est appelée d'un mot qui signifie le mutuel de
l'autre réciproquement. Ainsi doit être entendue cette
parole du Christ. « Ceux qui seront jugés dignes de
« la résurrection et d'avoir part au siècle à venir
« ne se marieront plus, mais ils seront égaux aux
« Anges, et qu'étant enfants de la résurrection, ils

« seront enfants de Dieu. » (MATTHIEU, XXII, 30 ;
MARC, XII, 25 ; LUC, XX, 36.) Partout dans le Ciel
ceux qui sont semblables sont consociés, et ceux qui
sont dissemblables sont séparés ; de là chaque
Société du Ciel est composée d'Anges qui se res-
semblent : les semblables sont portés vers les semblables ; il en est de même pour l'époux et l'épouse
dont les mentals peuvent être conjoints en un seul,
c'est pourquoi, au premier aspect, ils s'aiment intime-
ment, se voient comme époux et contractent mariage ;
c'est de là que tous les mariages du Ciel viennent de
Dieu seul : on célèbre aussi une fête, ce qui a lieu
dans une réunion nombreuse ; les réjouissances
diffèrent selon les sociétés (1). »

Cette théorie de Swedenborg, on est obligé d'en
convenir, est non seulement remplie de charmes,
mais pleine de vérité. Nous savons, en effet, en
spiritisme, que l'être, en quittant la terre, emporte
avec lui tout ce qu'il a acquis en vertus ou en vices ;
que son amour comme ses haines persistent au delà
de la tombe ; bien plus, il y a dans l'espace des
Esprits encore si peu dématérialisés qu'ils ne se

(1) SWEDENBORG, *Du Ciel et de ses merveilles et de l'Enfer.*

croient pas morts, comme d'autres chez qui le passé reste tellement voilé qu'ils ne se rappellent même pas leur existence antérieure (1).

Mais laissons de côté ces êtres grossiers pour ne nous occuper que de ceux chez qui les influences terrestres sont à peu près nulles.

On appelle Esprit *dématérialisé*, dans le sens absolu du mot, celui qui voit clairement les choses spirituelles, et ne conserve que les qualités du bien, ou, s'il est mauvais, sait reconnaître ses erreurs et ses torts. Or, qu'est-ce que le bien? sinon le désir ardent d'arriver à la perfection? Et quel est le but de la perfection? *sinon l'état de pur Esprit.* Donc notre marche ascendante doit avoir pour objectif *tout ce qui peut nous détacher de la matière*, en nous faisant acquérir les vertus opposées aux vices qu'elle engendre.

Mais, disent quelques-uns, si la matière est cause de bien des défaillances, n'est-elle pas en même temps la source de qualités sublimes? L'amour maternel, par exemple, n'est-il pas le résultat de notre incarnation ici-bas, et ne doit-il pas être compté parmi les plus nobles attributs?

(1) Il faut se méfier des communications des Esprits de ce genre. Elles ne sont bonnes qu'à titre d'étude de caractères.

Sans aucun doute, leur répondrons-nous ; et, qui plus est, cet amour va nous servir de point de départ pour la démonstration de la sexualité spirituelle.

On a toujours dit que l'amour d'une mère pour ses enfants est un reflet de l'amour de Dieu pour ses créatures, et qu'il n'y a aucune comparaison à établir entre l'amour d'une mère et celui d'un père. Celui-ci, quoique dévoué bien souvent, n'a pas cette patience, cette abnégation, cette persévérance que l'on trouve dans le cœur de la mère. Aussi l'enfant le sait-il bien, et dans l'intérieur du foyer, comme en dehors, s'il est menacé, il appellera son père ; mais, s'il souffre, son premier cri sera : maman !... Voyez-la, cette mère, penchée nuit et jour sur le chevet de son enfant malade, ne se rebutant jamais malgré la fatigue, l'insomnie, les veilles, les cris même que la douleur arrache à son cher petit !...

On a beaucoup parlé de la légèreté de la femme, de sa frivolité, de sa *superficialité*. Oui, cela est, dans une certaine mesure ; mais, ne nous y trompons pas, malgré notre côté plus sérieux, en apparence, il y a chez nous, hommes, un fond d'égoïsme très profond. S'il se présente, dans la famille, un acte de dévoûment à accomplir, s'il faut, comme on dit, payer de sa personne, la femme est là, qu'elle soit mère, épouse, fille ou sœur; tandis que l'homme, qu'il soit père, mari, fils ou frère, s'éclipse, s'il le peut. Nous en appelons à tout homme de bonne foi.

Eh bien, cette qualité seule, le dévoûment maternel fait de la femme un être absolument différent de l'homme ; et pour nous, spirites, qui croyons au progrès par la pluralité des existences, est-il possible de supposer l'anéantissement de cet attribut ? C'est pourtant la conclusion qu'il faudrait tirer si l'on admettait l'incarnation alternative, homme et femme, de l'entité spirituelle. Que la chose ait lieu, à titre d'exceptions, dans certains cas de missions ou d'expiations, et cela *sans porter atteinte à la nature intime de l'être incarné* (1), on peut le croire facilement ; mais faire de cette mutation de sexes une loi psychologique *ayant pour but de niveler les Esprits* semble peu sensé et peu logique. Il suffirait, en effet, à un homme égoïste de passer au sexe féminin pour acquérir subitement la vertu

_____

(1) C'est en ce sens seulement que l'on peut dire que les Esprits s'incarnent homme ou femme.

contraire; par contre, une « femme », devenant
« homme », verrait s'éteindre à l'instant même tout
le dévoûment dont elle était remplie précédemment (1). Les qualités, dans ce cas, seraient le
fait de l'organisme, non de l'Esprit, lequel, une
fois dégagé du corps, n'est plus ni homme, ni
femme, *mais un être neutre impossible à concevoir.* Comment pourrait-on dire alors que notre
personnalité subsiste intacte après la mort avec
toutes ses puissances, ses énergies, vices ou
vertus !

Pour nous qui avons été à même d'observer les
deux sexes de très près, soit isolément, soit collec-
tivement et à tous les âges, nous pouvons dire que
nous avons été amené à les considérer comme absolument distincts, en tant qu'entités spirituelles (2).
Tout le monde, du reste, sait que le premier jouet
donné à un bébé féminin est une poupée, tandis que
celui donné à un bébé masculin est un tambour.

---

(1) Il sera parlé plus loin des mauvaises mères.

(2) Pendant longtemps nous avons cru de très bonne foi,
comme tant d'autres, que la « différence » entre les sexes ne
provenait que de l'organisme; mais un examen plus approfondi
de la question a modifié notre manière de voir à ce sujet, et
nous a déterminé à écrire le présent ouvrage.

Intervertissez les rôles, et vous verrez ce que l'un et l'autre feront de votre cadeau. Il y a là un indice qui peut déjà nous mettre sur la voie de la vérité.

Plus tard, au cours des études classiques, le masculin et le féminin se confondent aisément. Pourquoi ? Parce que *pour l'intelligence il n'y a pas de sexe*, bien qu'il y ait, entre les deux genres, aptitudes spéciales ; aussi, filles et garçons se résignent-ils sans difficulté au même travail. Mais, en dehors de la classe, chacun de reprendre sa nature : la petite fille, douce, timide, sensible, aimante ; le jeune garçon, brusque, turbulent, sans-gêne, batailleur ; nous parlons en général.

Aussi il est un fait à remarquer, et qui montre sûrement que ce ne sont point les organes qui déterminent cette différence, bien qu'ils prêtent d'ailleurs à la manifestation de nos facultés individuelles, c'est qu'un garçon de quinze ans seulement constitue une puissance souvent redoutable vis-à-vis d'une femme de trente ans, quoique celle-ci soit capable de le faire fuir. Toutes les mères sont là pour le dire. D'où vient cela ? Parce que les deux entités sont en présence, et que le masculin, bien que plus faible corporellement, s'impose de par sa virilité spirituelle.

Arrivés à l'adolescence, — nous parlons toujours en général, — voyez les rapports des deux sexes : la jeune fille, bonne, ardente, confiante jusqu'à sa perte ; le jeune homme, passionné, souvent faux et quelquefois lâche ! ! ! Ah ! c'est que nous assistons ici au réveil de ce sentiment divin, qui de deux ne doivent faire qu'un, triste réveil qui, dans nos mondes inférieurs et misérables, se traduit souvent par le *mariage infernal* dont parle Swedenborg ! ! !

Ici, la maternité reparaît, et son amour sublime nous dédommage de l'absence du père dans l'horrible tableau que nous venons d'évoquer. Mais, pense-t-on qu'il soit nécessaire d'habiter un monde matériel pour connaître les joies ineffables attachées à cette admirable prérogative, et croit-on que les Esprits nouvellement sortis du « sein » de Dieu soient astreints à venir, sans raison, recevoir le divin baptème de la filiation *dans un milieu pervers et quelquefois immonde ?*

Écoutons :

« Il y a, vous le savez, disent les *Évangiles* de Roustaing (1), des mondes inférieurs et des mondes supérieurs, des mondes matériels et des mondes fluidiques.

(1) 1er vol., p. 33 et suiv.

« Plus l'Esprit s'épure, plus il s'éloigne des instincts matériels ; plus il est près des incarnations primitives, plus il s'abandonne aux besoins qui le rapprochent de l'animal ; il en est de même de toutes les nécessités de l'existence matérielle *qui varient et même disparaissent au fur et à mesure que l'Esprit se purifie* (1).

(1) Les Esprits ne sont incarnés dans les mondes matériels que par déchéance. — L'incarnation, dit Allan Kardec, n'a point été imposée à l'Esprit, *dans le principe*, comme une punition ; elle est nécessaire à son développement et à l'accomplissement des œuvres de Dieu, et tous doivent la subir, qu'ils prennent la route du bien ou celle du mal ; seulement ceux qui suivent la route du bien, avançant plus vite, sont moins longs à parvenir au but, *et y arrivent dans des conditions moins pénibles.* — Les Esprits incarnés constituent l'humanité, *qui n'est point circonscrite à la terre*, mais qui peuple tous les mondes disséminés dans l'espace. — Il y a des mondes appropriés aux différents degrés d'avancement des Esprits, *et où l'existence corporelle se trouve dans des conditions très différentes.* Moins l'Esprit est avancé, plus les corps qu'il revêt sont lourds et matériels ; *à mesure qu'il se purifie*, il passe dans des mondes supérieurs moralement et physiquement. La terre n'est ni le premier ni le dernier, mais un des plus arriérés. — Les Esprits *coupables* sont incarnés dans les mondes les moins avancés, *où ils expient leurs fautes par les tribulations de la vie matérielle.* Ces mondes sont pour eux de *véritables purgatoires*, mais d'où il dépend d'eux de sortir en travaillant A LEUR AVANCEMENT MORAL. La terre est un de ces mondes. » (*Le Spiritisme à sa plus simple expression.*)

« Plus les mondes s'élèvent, plus les besoins de la chair, et, par conséquent, les moyens de reproductions *s'épurent et se spiritualisent*. Le rapprochement de la matière pour former la matière est une des conditions inhérentes à votre infériorité et n'existe *que pour les mondes matériels au nombre desquels le vôtre se trouve encore* (1).

« Dans les mondes supérieurs, fluidiques, suffisamment élevés, c'est la volonté qui est la base de la loi de reproduction et qui la provoque, *par attraction des fluides appropriés*, sous l'action magnétique et dans la famille *où cette volonté se manifeste*.

« L'Esprit fait son apparition sur la planète par incarnation fluidique, ou, pour mieux dire, par incorporation (2). Il trouve, en arrivant sur cette planète, les fluides nécessaires à cette incorporation

(1) La terre subira une transformation semblable : elle deviendra un *paradis terrestre* lorsque les hommes seront devenus bons. (*Livre des Esprits*, — 185.)

(2) L'incarnation est de deux sortes : matérielle ou fluidique. Elle est matérielle lorsqu'elle s'opère par le rapprochement des sexes, c'est l'incarnation par déchéance ; elle est fluidique lorsqu'elle a lieu par attraction spirituelle, c'est l'incarnation normale ou *incorporation*. Selon la manière dont s'y opère l' « incarnation », les mondes s'appellent *supérieurs* ou *inférieurs*.

qu'il opère lui-même, à l'aide de ces fluides dans la famille destinée à le « *tutéler* ». *La volonté ou le désir des parents l'attire*, et la volonté des Esprits unis forme une attraction attirant les fluides constitutifs de l'incorporation, et qui, *s'adjoignant au périsprit*, s'y assimilant, forment, eu égard à votre planète, un corps relativement semblable au vôtre.

« Les liens qui unissent les parents aux enfants *sont plus forts que les vôtres;* ils ne sont pas, comme les vôtres, sujets à se dissoudre ou à se relâcher, car les parents et les enfants en comprennent toute l'étendue (1).

« Il n'y a pas mâle et femelle *dans le sens que vous attachez à ces expressions sur votre terre.* Les instincts y éprouvent quelques variations, mais n'ayant aucun rapport *avec les sens de votre matière.* Il est difficile de vous donner des explications que vous ne sauriez saisir ; mais sachez qu'il y a *différence de sexe* au point de vue *moral et fluidi-*

(1) Telle a été sur la terre la « paternité » et la « maternité » de Joseph et de Marie vis-à-vis de Jésus, dont la « naissance » merveilleuse fut le signe avant-coureur de l'état fluidique auquel notre globe est appelé, à l'instar des mondes supérieurs. Il y a là tout un idéal divin : heureux qui sait le comprendre !

que (1). Cette différence est due à celle qui existe dans la nature et la propriété des fluides et dans leur emploi à l'état d'incarnation ou d'incorporation.

« Sachez-le aussi : le *moral* et le *physique* sont toujours liés *l'un à l'autre dans toutes les sphères;* et les fluides servent à l'expression *des sentiments et des propriétés de l'Esprit.*

« Dans les mondes élevés, ajoutent les Évangélistes, l'Amour, *mot profané par vous*, existe avec un grand développement, *mais toujours dans des conditions épurées.* »

Écoutons maintenant le livre *Les Vies mystérieuses :*

« L'Esprit nouveau qui doit habiter un monde fluidique (2), où il s'instruira sous la surveillance de

(1) A l'état d'Esprit, la différence de *sexe* est toute morale; à l'état d'incarnation ou d'incorporation, elle est morale et fluidique; car les fluides eux-mêmes sont de deux genres : masculins et féminins. (Voyez MICHEL DE FIGANIÈRES, *la Clef de la vie.*)

(2) Les Esprits font leur entrée dans l' « humanité » — qui embrasse tous les globes de l'univers — par *incorporation* sur les mondes fluidiques, dont le « *Paradis terrestre* » de la Genèse est la sublime figure. — Ce n'est que par la chute qu'ils sont refoulés dans les mondes matériels où l'homme *gagne son pain à la sueur de son front*, et où la

parents initiateurs, *est toujours appelé par eux*.
— Chez vous l'Esprit s'impose, il vient s'incarner;
c'est son but; il n'est pas appelé, pas toujours
désiré. L'organisme humain lui fournit un corps en
harmonie avec le milieu et en harmonie *avec la vie
qu'il doit fournir*. — Dans les mondes fluidiques
et dans les Cieux, l'Esprit appelé trouve de même
un corps en harmonie *avec les forces naturelles
où il doit se mouvoir;* mais cet appel *n'a d'effet
que lorsque la volonté et le désir du couple spirituel sont favorisés et secondés par la pleine
puissance de leur être fluidique.*

« Ainsi sollicité, l'Esprit s'entoure des effluves
fluidiques envoyés par les deux époux, *devenus
par ce fait ses parents*, et s'en forme l'enveloppe
nécessaire à cette incarnation (1). Aussitôt il entre

femme *enfante dans la douleur*. (Genèse, ch. III, v. 16
et 17.)

    « L'âme que sa noirceur chasse du firmament
    « Descend dans les degrés divers du châtiment
    « Selon que plus ou moins d'obscurité la gagne.
              (VICTOR HUGO, *Les Contemplations*,
              livre VI, ch. XXVI.)

(1) C'est de cet ordre d'incarnations supérieures, ou, pour
mieux dire, *d'incorporations* — de degrés divers — dont
nous sommes momentanément déchus, et dont les Esprits
infaillis, comme le Christ, par exemple, *ne se sont jamais*

dans l'atmosphère du monde où il doit vivre et se
manifeste à eux. C'est un enfant, mais ce n'est pas
l'enfant de la terre : aveugle, immobile et sans
connaissance de lui-même ; il voit, il parle, il a
conscience de ce qu'il fait et de ce qu'il entend. Son
corps fluidique grandit comme les vôtres, s'étend à
mesure qu'il déploie ses rayons et manifeste ses
facultés. Il a oublié son origine parce que le voile
matériel l'a envahi ; mais ses facultés actuelles sont
présentes et agissantes, et ses sensations distinctes (1). Il grandit et apprend comme les enfants de la
terre, mais plus vite et mieux, ses facultés étant moins
voilées et moins engourdies. Les guides ou institu-
teurs font pour lui ce que vous faites pour vos
enfants : ils s'efforcent de faire éclore et progresser
ses facultés *et de les affermir dans le bien ;* ils

départis. C'est l'intuition de cette chute originelle qui a donné
lieu, chez tous les peuples, à la légende de l'Age d'or ou du
Paradis perdu.

(1) L'enfance est partout une transition nécessaire, *mais
elle n'est pas partout aussi stupide que chez nous..* (*Livre
des Esprits* (183). — Dans les mondes compacts du dernier
ordre, dans les mondes d'épreuves, l'âme, enfermée dans
une prison matérielle, y est *providentiellement engourdie,*
en proportion de son malheur. (MICHEL DE FIGANIÈRES, *La Clé
de la vie.*) — C'est cet engourdissement seul qui peut rendre
la vie supportable aux races primitives.

l'instruisent, travaillent ses idées par le raisonnement, le dirigent dans la voie *qu'ils savent bonne
et sûre*.

« Le principe de vos unions est céleste, mais il
est faussé. Le principe de votre amour paternel est
céleste aussi, mais il est faussé également *par les
préoccupations et les contraintes qu'impose votre
état social*. Vous en avez exagéré le côté inférieur, *le côté matériel ;* tandis que le côté spirituel,
celui du guide, du père adoptif, *est le principal
et le sublime de la paternité.*

« Ce que vous nommez anges gardiens, Esprits
protecteurs, sont les parents qui ont protégé l'enfance spirite. Ils suivent d'un œil paternel les
Esprits qu'ils ont adoptés, car cette adoption a toute
la tendresse et le dévoûment de la paternité véritable. Vous êtes forcément exclusifs et matériels dans
vos affections familiales ; les liens du sang vous en
paraissent le plus fort lien. Nous ne jugeons pas
ainsi. Nous n'avons pas d'affection plus vive que
celle qui nous remplit pour nos enfants d'adoption.
Leurs progrès sont pour nous d'indicibles jouissances, et souvent nous avons sacrifié des chances
d'élévation, dans le désir de leur être plus longtemps utiles.

« Lorsqu'ils sont assez affermis pour progresser seuls, nous nous retirons, nous bornant à suivre avec joie leur essor, et tremblant cependant de les voir faiblir.

« L'oiseau qui, pour la première fois, s'envole du nid paternel, n'est pas suivi par le regard de ses parents avec plus d'amour. O saintes affections de l'âme, délices et martyres de l'Esprit ! l'on vous trouve à tous les degrés, à tous les échelons du parcours spirituel. Vous animez les Êtres, guides et protecteurs des mondes, aussi bien que l'Esprit moindre qui n'est que guide et protecteur d'un seul Être, et le Seigneur souverain de toute chose contemple ses créatures d'un regard paternel !

« Nos infimes fonctions sont un reflet de son pouvoir et découlent en quelque sorte de Lui qui a donné l'Etre à toute chose ; sa vie anime tout ; les âmes sont son essence ; toute affection est renfermée en lui. Ainsi, tout ce que nous faisons, nous le faisons parce qu'il le fait et suivant l'infériorité de notre intelligence.

« Nos fils spirituels n'ont plus besoin de nous lorsque leur conscience est éveillée. A ce moment, ils sont majeurs et nous échappent. Ils choisissent leur route et acceptent leur épreuve. Nous restons leurs conseils, mais nous ne sommes plus leurs guides. N'importe, notre sympathie leur est acquise, et, quelque part que nous soyons, nous avons l'œil sur eux, soit qu'ils aient besoin d'être soutenus, *soit pour le moment du retour après la vie terrestre* (1). »

C'est ce sentiment de paternité céleste qui est le principe de l'amour maternel sur la terre ; mais il l'emporte évidemment sur le nôtre autant que l'esprit l'emporte sur la matière.

(1) *Les hommes étant en expiation sur la terre*, Dieu, en bon père, ne les a pas livrés à eux-mêmes sans guides. Ils ont d'abord leurs Esprits protecteurs ou anges gardiens, qui veillent sur eux et s'efforcent de les conduire dans la bonne voie ; ils ont encore les Esprits en mission sur la terre, Esprits supérieurs incarnés de temps en temps parmi eux pour éclairer la route par leurs travaux et faire avancer l'humanité. — ALLAN KARDEC, *le Spiritisme à sa plus simple expression*.

DEUXIÈME PARTIE

Les textes que nous venons de lire nous montrent que la Révélation a fait du chemin depuis Swedenborg; cela ne doit pas nous surprendre, car nous savons qu'elle est *permanente* et *progressive*. Les Esprits l'ont toujours dit : A mesure que l'humanité avancera, il lui sera donné davantage.

Allan Kardec est venu rallier sous le même drapeau tous ceux qui croient à l'intervention du monde invisible ; mais on aurait tort de supposer que, sa mission achevée, nous n'ayons qu'à nous croiser les bras. Il ne resterait plus alors qu'à fermer nos groupes et donner congé aux Esprits, tandis que nous avons à peine franchi le seuil du Temple de la

Vérité, et soulevé un coin du voile qui couvre le
sanctuaire.

Non, notre devoir est de mettre en lumière tout
ce qui a été dit autrefois en le coordonnant avec
tout ce qui se fait aujourd'hui, de manière à nous
rendre de plus en plus dignes de nouvelles faveurs.
Il est écrit : « *Cherchez et vous trouverez* » ;
cette parole doit nous suffire pour aller de l'avant (1).

La première pensée qui se présente, que l'on soit
marié ou non, c'est celle-ci : « S'il y a mariage
dans la spiritualité, avec qui allons-nous être unis ?

Cette question équivaut à celle que les Juifs
adressèrent à Jésus, et qu'ils formulèrent ainsi :
« Maître, Moïse a écrit : Si quelqu'un meurt et
laisse sa femme sans enfants, que son frère
prenne sa femme et donne une postérité à son frère.
Or, il y avait sept frères, et le premier prit une

---

(1) Parmi les spirites militants, il en est beaucoup qui
n'admettent pas que l'on cherche de nouvelles interprétations :
telle ils ont compris la doctrine, telle ils entendent qu'on la
maintienne. Par contre, il en est d'autres qui suivent une
marche tout opposée, et pour qui le *Livre des Esprits* même
n'est plus une autorité! leur inspiration, ils la prennent dans
les divagations du naturalisme. Deux écueils contre lesquels
nous devons nous tenir en garde, dans l'intérêt du spiritisme.

femme, et en mourant ne laissa pas de postérité. Et le second l'épousa et mourut également sans postérité, puis le troisième. Les sept donc la prirent, ne lui laissant point de postérité. La femme mourut la dernière. Après la résurrection, duquel d'entre eux sera-t-elle femme? car les sept l'ont eue pour épouse. » — Et Jésus leur répondit : « Ne voyez-vous pas que vous êtes dans l'erreur, ne comprenant ni les Écritures, ni la puissance de Dieu? Car, après la résurrection, les hommes n'auront point de femmes, ni les femmes de maris; mais ils seront tous *comme les Anges dans le ciel*, et les enfants de Dieu. »

Cette réponse est beaucoup moins claire qu'elle ne le paraît, car le Christ aurait bien dû nous dire ce qu'il faut entendre par le mot « Ange ». (1) Mais, là comme ailleurs, Jésus ne donnait aux hommes que ce qu'ils pouvaient porter. Il était réservé au spiritisme de compléter ses enseignements, suivant cette parole de l'Évangile : « Mais le Consolateur, qui est l'Esprit de vérité, vous enseignera *toutes choses* et vous fera ressouvenir de celles que je vous ai dites.» (2) (SAINT JEAN, ch. XIV, v. 26.)

(1) Voyez précédemment la définition du mot « Ange » donnée par les révélations de Swedenborg.

(2) Le scepticisme, déflorant tout ce qu'il touche, a élevé

Nous savons, par les Esprits, que le Consolateur promis n'est autre que le spiritisme, nouvelle effusion de l'Esprit de vérité. Or, une des principales questions agitées, dès le début, fut cette parole de la

des doutes sur l'authenticité des quatre Evangiles. — De ce qu'il y a eu un grand nombre d'Evangiles apocryphes, on en a conclu d'abord que les Evangiles canoniques n'ont pas plus d'autorité que les autres, et que nous ne pouvons savoir au juste ce que le Christ a dit ou n'a pas dit.

Voilà le premier thème. Il a été varié dans tous les tons majeurs et mineurs.

Mais il y en a un second, qui consiste à admettre les quatre Evangiles, puisque ce qui reste des apocryphes est insignifiant, mais de ne leur accorder aucune valeur relativement aux Apôtres, qui ne peuvent en avoir eu connaissance, ayant été écrits après leur mort.

Ce deuxième thème a été chanté sur tous les degrés de l'échelle chromatique.

Deux écrivains d'un grand talent, Strauss en Allemagne, Renan en France, représentent tout ce système de critique évangélique. Ce n'est pas ici le lieu de répondre à ces objections ; de profonds érudits l'ont fait victorieusement, entre autres M. H. Wallon, dans son beau livre, *l'Autorité de l'Evangile*. Nous y renvoyons le lecteur.

En spiritisme, nous avons comme garantie de la parole du Christ les *Quatre Évangiles*, de J.-B. Roustaing, le plus beau, le plus complet et le plus irréfutable commentaire révélé qui existe. Cet ouvrage incomparable constitue à lui seul toute une encyclopédie spirite. — Quelques personnes ont manifesté leur étonnement de ce que la rédaction des *Quatre Evangiles* avait été confiée à Roustaing et non à Allan Kardec. La réponse à cela se trouve dans ces paroles de saint

Genèse : « *Dieu créa l'homme mâle et femelle.* »
(Genèse, ch. i, v. 27.)

La manière dont ce problème a été présenté *médianimiquement* par Cahagnet mérite d'être rapportée.

Tous les spirites connaissent, au moins de nom, Alphonse Cahagnet. Avant 1840 déjà, ce vétéran du spiritisme, décédé le 10 avril 1885, à l'âge de soixante-seize ans, et directeur d'un groupe à Argenteuil, s'occupait de magnétisme curatif par l'intermédiaire de différents lucides. Il publia divers ouvrages, dont le premier, intitulé : *Arcanes de la Vie future dévoilés*, fit sensation ; c'était en 1848.

Dans ce livre, Cahagnet raconte ainsi le premier cas de lucidité spirituelle dont il fut le témoin dans la personne d'un de ses lucides, nommé Bruno, qui, jusque-là, n'avait servi, comme les autres, qu'au soin des malades.

Jean, ch. iii, v. 8 : *L'Esprit souffle où il veut.* Nous n'avons donc pas à demander compte à la Providence des voies par lesquelles il lui plaît de conduire le spiritisme. C'est ainsi qu'après la mort du Christ, bien que saint Pierre eût reçu la plénitude de son autorité, saint Paul surgissait d'une façon inattendue et vraiment extraordinaire sans avoir, semblait-il, aucun droit à une pareille mission.

« Il y avait environ huit jours que je le magnéti-
sais, dit-il, lorsque je le vis renversé comme par un
coup de foudre de dessus son siège, le visage très
coloré et sous l'empire d'une peur qu'il cherchait à
me déguiser sous les apparences d'un courage qu'il
ne possédait plus. — Qu'avez-vous? lui demandai-je.
— C'est une voix que je viens d'entendre à ma
droite qui m'a répondu que votre mal était ingué-
rissable, que je n'aie plus à m'en occuper, et je ne
crois personne près de moi ; puis j'ai été frappé
d'une commotion de laquelle je ne me rends pas
compte. — Demandez qui vous a parlé? — C'est
mon guide, me répond-on. — Comment nomme-t-on
ce guide? — Gabriel.

« Bruno me répondait à voix basse comme lui
répondait la voix. Il fut au moins huit jours à s'ha-
bituer à cette voix qui devait être, dans la suite,
l'oracle qui répondrait aux questions que je lui
adresserai sur le monde spirituel. »

Cahagnet ajoute ceci : « Comme Bruno me servait
plus particulièrement à des expériences médicales
*et que je n'étais nullement disposé à parler spi-
ritualisme à cette époque* (1), il revenait toujours

(1) Il y a là une circonstance digne d'attention pour les

à ses communications, ce qui fit que j'en pris note, et ne pris ce langage mystique au sérieux *que lorsque j'y trouvais des arguments assez forts pour combattre ma raison.* Bruno, dit-il plus loin, n'a aucune notion de psychologie, n'est nullement porté vers la dévotion ; je ne peux l'influencer par ma manière de penser, *qui est presque toujours hétérogène à la sienne.* C'est pour qu'on juge de mon impartialité que je donne connaissance de toutes mes questions et des réponses qu'elles obtiennent, sans en dénaturer aucunement le sens. »

On voit, par ce début, combien Cahagnet était digne de sa mission de précurseur immédiat d'Allan Kardec, aussi bien par sa bonne foi que par sa sagesse. Aussi son livre des *Arcanes de la vie future dévoilés* fut comme un éclair déchirant la nue pour livrer passage à toutes les clartés de la Révélation nouvelle.

Un jour donc, à la suite de différents dialogues entre Bruno et son guide, Cahagnet posa cette question :

« — Demandez à votre guide si au ciel on est réuni à la femme que l'on a aimée sur la terre ?

spirites, comme pour tout le monde, et qui prouve que le magnétisé n'est pas toujours le reflet du magnétiseur.

« — Pas toujours ; on est réuni à la femme qui a été créée à votre image, ayant les mêmes affections, besoins et goûts que vous.

« — Qu'entendez-vous par là ; l'épouse de la terre ne serait pas l'épouse du ciel ?

« — Non ; au ciel, comme je vous l'ai déjà dit, on ne peut rien se cacher, se dissimuler, chacun peut lire dans votre cœur et connaître vos vraies affections. Sur terre, c'est bien différent, le corps matériel cache les défauts de l'âme ; on se croit sympathique l'un l'autre ; on s'assemble, et sitôt la passion assouvie, on reprend sa liberté d'agir, de penser ; on ne se dissimule plus, et l'on s'aperçoit trop tard qu'on devrait être à cent lieues l'un de l'autre. *Comme chacun emporte au ciel ses affections terrestres*, qu'on n'en peut faire le sacrifice à personne, et qu'au contraire on peut les satisfaire, on ne se recherche plus pour se contrarier, alors la femme que vous avez connue sur terre ne vous offrant pas ce que vous recherchez, Dieu vous en donne une autre qui est la moitié de vous-même.

« — Vous semblez expliquer par là, comme la Bible, que l'homme aurait été créé mâle et femelle. Un corps matériel renfermerait-il deux corps, qui se dédoubleraient à la mort ?

« — Non ; il n'en est pas ainsi, l'homme a été créé mâle et femelle, mais non androgyne, ni deux corps l'un dans l'autre, comme vous dites, mais bien séparément, c'est-à-dire il nait double et vit séparément. Chaque être a son complément qui l'attend au ciel.

« — Je ne comprends pas cette explication ?

« — Je vous dis que tout être qui nait est double, soit femme, soit homme ; qu'on se retrouve au ciel, quand bien même on ne se serait pas rencontré sur la terre. »

A la suite de ce dialogue, l'extatique Bruno fait une comparaison et termine en disant :

« — Comprenez-vous maintenant ? je vous explique là le mystère de notre apparition sur terre qui vous est dévoilé.

« — Je vous en remercie ; s'il en est ainsi, Dieu est infiniment bon.

« — Pouvez-vous comprendre la bonté de Dieu dans votre malheureux état d'ignorance ? Que diraient les savants d'un tel mystère qu'ils prendraient pour un système, *eux qui en font tant*, s'ils voyaient comme moi qu'il n'y a pas d'unité simple possible, que tout est par couple ; chaque chose à l'infini possède deux moitiés, deux côtés, l'union des deux fait le bonheur, l'éloignement fait le malheur.

« — Ainsi, vous croyez que chaque être a **une**
moitié de lui-même dédoublée à l'infini ?

« — Oui.

« — Vous croyez que la première moitié rejoint ou
attend la seconde ?

« — Oui.

« — Que c'est lorsqu'ils se retrouvent au ciel que
le bonheur est vrai, et l'union éternelle ?

« — Oui ; je n'aurais et ne pourrais croire cela
dans mon état ordinaire, parce que c'est une vérité,
et que nous n'acceptons que les erreurs.

« Voici, dit en terminant Cahagnet, une révélation que je ne peux appuyer d'aucune réflexion ; si
elle n'est pas vraie, elle est au moins consolante. »

Mais continuons. Quelque temps après, à l'aide
de la célèbre extatique, Adèle Maginot, qui devint
sa compagne inséparable et sa femme (1), il eut **un**
entretien sur le même sujet :

« — Puisqu'au ciel on s'y retrouve en famille,
l'époux doit y retrouver sa femme ?

« — Oui, mais ils ne vivent pas, comme sur terre,

(1) Adèle Maginot survécut sept mois à son mari, et fut
réunie à lui sous le monument élevé à sa mémoire par leurs
fidèles amis spirites et swedenborgiens.

de notre sale amour, ils vivent comme frère et sœur.

« — Quoi ! il n'y aurait pas d'amour au ciel ?

« — Il y a un amour inconnu sur terre *et qui n'y pourrait être compris ;* on doit le comparer à une chaste et pure amitié.

« — Tous les êtres y sont-ils assemblés par couple ?

« — Oui.

« — Mais il y a des êtres qui aiment l'isolement et qui n'ont jamais connu l'amour sur terre, ils n'ont aimé personne ?

« — Il n'y a pas d'être qui n'ait aimé quelqu'un sur terre, *ou n'ait senti le besoin d'aimer ;* on a toujours besoin de le faire, et il n'est peut-être pas d'êtres qui n'aient dit en eux : j'aurais bien aimé cette femme, ou cet homme. Cette union de deux êtres est la base de tout bonheur.

« — Je sais cela ; mais je trouve qu'il existe une difficulté : beaucoup d'êtres n'ont pas aimé parce qu'ils ne pouvaient aimer à deux la même personne, et de là naissent les rivalités qui causent tant de troubles.

« — Il n'en est pas de même au ciel ; si tu fais abstraction de l'amour terrestre, *qui est une passion de possession*, c'est pour posséder la même femme à un seul que naît la rivalité. Au ciel, c'est le contraire, on aime, *non pour le bonheur de posséder, mais pour celui d'aimer.*

« — Tu m'as cependant dit qu'au ciel on y est par couple, ce qui prouve qu'on y possède, comme sur terre, l'objet de ses affections. Alors une femme qui a eu deux ou trois maris, comment cela se passe-t-il ? je crois que tu seras embarrassée de me répondre ?

« — Je ne le suis nullement. Chaque être est créé double, il doit tôt ou tard être uni à sa moitié; mais dans le monde des Esprits, duquel nous parlons maintenant, c'est un monde où l'on ne connaît pas l'amour terrestre ni le besoin d'être réuni à l'être de son affection, ce qui fait qu'on n'y rêve pas, comme sur terre, à la possession de cet être *qui vous reste souvent longtemps inconnu*, et alors on aime ceux qui vous entourent comme frères ou sœurs.

« — Tu m'as dit que ton frère y était uni à sa fiancée ?

« — Oui, parce que c'est elle qui est sa moitié; mais tout le monde ne la retrouve pas aussi tôt, et cette union-là n'a rien de semblable à notre amour terrestre. Voilà pour le ciel des Esprits (1). Mais dans le ciel supérieur, où la réunion, la jonction des corps est définitivent faite, on est pénétré d'un saint amour pour sa compagne, que personne ne peut vous envier ni vous disputer, chacun ayant la sienne, de laquelle il ne pourrait détourner la moindre affection. »

Comme on le voit, cette deuxième série de renseignements concorde avec la première, bien que par un médium différent. Ces renseignements sont d'autant plus précieux qu'Adèle Maginot était d'une lucidité merveilleuse. « Théologie, métaphysique, psychologie, dit Cahagnet, elle répond à tout dans un sens qui n'est empreint ni d'orgueil, ni d'égarement. Depuis quelques années, ajoute-t-il, elle vit avec les gens de l'autre monde ; elle voit et converse avec eux selon son désir ; elle n'a jamais jusqu'à présent manqué une expérience. »

Eh bien, nous allons encore l'entendre sur cette même question ; mais cette fois, ce n'est plus elle qui répond, mais Swedenborg, évoqué par Cahagnet.

_____

(1) C'est sans doute de la région de l'erraticité dont il est ici question.

Voici cette évocation, faite en règle, comme si Allan Kardec eût passé par là :

« J'appelle Swedenborg qui vient aussitôt. Je lui ordonne, au nom de Dieu, de se retirer s'il est un Esprit faux. Il s'avance, au contraire, prend la main d'Adèle en lui disant : Ne craignez rien, je suis bien Swedenborg.

« — Pouvez-vous être remplacé par un mauvais Esprit ?

« — Non ; tant que vous me désirerez avec l'intention pure de vous instruire, je viendrai ; mais si au contraire vous agissiez avec mépris et autorité, je ne me présenterais pas, et un autre pourrait venir pour vous tromper. »

Après un dialogue sur le magnétisme, Cahagnet fait cette demande :

« — Pouvez-vous répondre à cette question : Dieu a-t-il créé l'homme mâle et femelle comme le dit la Bible ?

« — La Bible est un excellent livre qui renferme de très bonnes choses à étudier (1). Dieu a créé un homme et une femme.

---

(1) Victor Hugo appelle la Bible : « le livre où l'on apprend à penser et où l'on puise le beau, le vrai, le juste. » (Contemplations, liv. IV, ch. VI.)

En dehors de son caractère cosmogonique, historique,

« — Entendez-vous par là que chaque homme que Dieu a créé a une femme également créée pour lui ?

« — Oui, chaque être créé a son complément ; femme et homme sont créés par couple.

« — Ces deux êtres naissent-ils et meurent-ils en même temps ?

« — Le temps n'y est pour rien, *ils se retrouvent au ciel quand Dieu le veut.*

« — Ces deux êtres sont-ils en tous points ressemblants de pensée et de forme ?

« — Oui.

« — Dans leur union intime, connaissent-ils l'amour dans ses actes charnels comme sur la terre ?

« — L'amour céleste ne peut être décrit par le langage matériel, *c'est une sensation inexplicable.*

« — Voit-on des célibataires au ciel ?

« — Oui ; mais chaque être ne peut se trouver parfaitement heureux sans être réuni à sa moitié, qui est son complément de vie. »

prophétique et moral, la Bible est bien, parmi les livres sacrés de l'antiquité, le plus *spirite* de tous. Ni les Védas, ni les livres Zends, ni les Kings ne peuvent lutter avec lui sous le rapport des faits psychiques. Aussi la Bible est-elle la bête noire des matérialistes.

On trouve encore, dans ce livre étonnant, qui contient en substance presque toute la doctrine spirite (1), d'autres aperçus sur ce sujet, entre autres ceux-ci :

A Bruno :

« — Vous parlez de corps, nous en avons donc un ?

« — Oui, nous sommes exactement comme sur la terre, à part les habillements.

« — Vous m'avez dit qu'on était au ciel en société ; qu'y fait-on ? La prière est-elle votre seule occupation ?

« — Oh ! non ; on y est comme sur terre, avec sa famille, sa femme, ses enfants, ses amis (2).

« — Peut-on y satisfaire ses passions d'amour, de lecture, de musique ?

« — Oui, mais pas de cet amour comme sur terre ; c'est une amitié sainte, intime, un plaisir de se trouver réuni à ceux qu'on a toujours

(1) Bien avant Allan Kardec, de nombreux points du spiritisme étaient déjà en partie élucidés (voyez DELEUZE, *Histoire du magnétisme*, 2e édition, 1819, ch. XI et XII); mais il y manquait la cohésion que sa main puissante leur imprima.

(2) Ceci doit s'entendre des mondes supérieurs où tout est fluidique.

aimés ; mais on n'y connait pas *l'amour de la femme* dans l'acceptation du mot que vous voulez sans doute lui donner. »

A Adèle, après une vision qu'elle a de sa famille :

« — Comment tout ce monde était-il habillé ?

« — Ils avaient tous des espèces de robes de gaze de toutes les couleurs, leur physionomie était tout autre ; mais j'ai bien reconnu mes parents.

« — Comment peut-on distinguer les hommes des femmes ?

« — Aux formes, car leur léger habillement n'en est pas un. Si les passions existaient au ciel comme sur terre, on aurait honte de se voir ainsi ; mais on n'y fait aucune attention.

« — Bruno m'a déjà dit la même chose ; cette mise cependant est très indécente !

« — Oui, pour ici-bas, *où l'amour existe avec son sale empire ;* mais là on ne pense guère à cela. »

En attendant que la suite confirme tout ce que nous venons d'entendre, voici le jugement et la conclusion de Cahagnet :

« Si les deux sexes existent, c'est dans un but

d'union, et pour unir il faut de l'homogénéité ; l'un doit avoir été créé pour l'autre, comme son complément, comme la partie la plus en harmonie avec son moi et ses affections (1). Comme il y a diversité dans la création, par les types, les pensées, les affections, on ne peut supposer qu'une affection ait été créée pour ne pas exister, elle ne peut exister que par ce qui constitue sa vie, qui est la possession de ce qu'elle désire, et elle ne peut désirer quelque chose qui blesse son harmonie, puisque de cette harmonie dépend son bonheur. Il faut donc que le sujet de son affection soit semblable à elle, ou l'union sincère, durable, éternelle, n'est pas possible ; ce serait, comme sur terre, trouble et désorganisation. Tout le monde sentira qu'il en doit être ainsi, ce n'est qu'avec sa propre image, femelle ou mâle, qu'on doit trouver l'accord et le bonheur.

La question des moitiés éternelles, plus connue en spiritisme sous le nom d'*âmes-sœurs*, a fait son chemin depuis le jour où elle est apparue pour la

(1) Il faut de l'harmonie dans les sentiments et de l'opposition dans les caractères, pour que l'amour naisse tout à la fois de la sympathie et de la diversité. (Mᵐᵉ de STAEL, dans *Corinne*.)

première fois, car il est peu de groupes où elle ne se soit présentée (1). Quelques années plus tard,

(1) La doctrine de l'androgynie spirituelle, nouvelle en spiritisme, était déjà soupçonnée dans l'antiquité. Le *Zohar*, encyclopédie judaïque des vérités primordiales, rédigé vers l'an 121 de notre ère, par R. Simon-ben-Jochaï, en donne un aperçu intéressant et autrement juste que celui que nous offre le *Banquet* de Platon.

« L'homme, dit le *Zohar*, est à la fois le résumé et le terme le plus élevé de la création ; c'est pour cela qu'il n'a été formé que le sixième jour. Sitôt que l'homme parut, tout était achevé, et le monde supérieur et le monde inférieur, car tout se résume dans l'homme : il réunit toutes les formes. Mais il n'est pas seulement l'image du monde, de l'universalité des êtres, en y comprenant l'Être absolu ; il est aussi, il est surtout l'image de Dieu considéré seulement dans l'ensemble de ses attributs infinis.

« Ne croyez pas que l'homme soit seulement de la chair, une peau, des ossements et des veines ; loin de là ! *ce qui fait réellement l'homme, c'est son âme*, et les choses dont nous venons de parler, la peau, la chair, les ossements, les veines, ne sont qu'un vêtement, une carapace, un tégument, *mais elles ne sont pas l'homme et ne sauraient le constituer.* Quand l'homme s'en va de cette terre misérable, il se dépouille peu à peu de tous les vices qui le couvrent.

« Toute forme, est-il dit ailleurs, dans laquelle on ne trouve pas le principe mâle et le principe femelle, n'est pas une forme supérieure et complète. Dieu n'établit pas sa demeure dans un lieu où ces deux principes ne sont pas parfaitement unis ; les bénédictions ne descendent que là où cette union existe, comme nous l'apprenons par ces paroles : *Il les bénit et il appela leur nom Adam le jour où il les créa ;* car, même le

Allan Kardec recevait de l'un de ses correspondants, avec communication à l'appui, une lettre ainsi conçue :

nom d'homme ne peut se donner qu'à un homme et à une femme unis comme un seul être.

« *Avant de venir dans ce monde*, chaque âme et chaque esprit se compose d'un homme et d'une femme *réunis en un seul être;* en descendant sur la terre, *ces deux moitiés se séparent* et vont animer des corps différents. Quand le temps du mariage est arrivé, Dieu, qui connait toutes les âmes et tous les esprits, les unit comme auparavant, et alors ils forment, comme auparavant, un seul corps et une seule âme. Mais ce lien est conforme aux œuvres de l'homme *et se trouve subordonné aux voies dans lesquelles il a marché*. Si l'homme est pur et s'il agit pieusement, il jouira d'une union tout à fait semblable à celle qui a précédé sa naissance.

« De même que, avant la création, toutes les choses de ce monde étaient présentes à la pensée divine, sous les formes qui leur sont propres ; ainsi, toutes les âmes humaines, avant de descendre dans ce monde, existaient devant Dieu, dans le ciel, sous la forme qu'elles ont conservée ici-bas; et tout ce qu'elles apprennent sur la terre, elles le savaient avant d'y arriver; de même, tous ceux qui font le mal dans ce monde *ont déjà commencé dans l'univers à s'éloigner de Dieu ;* ils se sont précipités à l'entrée de l'abîme et ont devancé le temps où ils devaient descendre sur la terre. »

Le résumé de cette doctrine, dit Pezzani, est que la vie humaine, quand elle a été complète, est une sorte de réconciliation entre les deux termes extrêmes de l'existence considérée dans son universalité, entre l'idéal et le réel, entre la forme et la matière. L'Adam céleste étant le résultat d'un principe mâle et d'un principe femelle, il a fallu qu'il en

« J'ai perdu, il y a quelques années, une épouse bonne et vertueuse, et, malgré les six enfants qu'elle m'a laissés, je me trouvais dans un isolement complet, lorsque j'entendis parler des manifestations spirites. Bientôt je me trouvais au milieu d'un petit cercle de bons amis s'occupant chaque soir de cet objet. J'appris alors, dans les communications que nous obtînmes, que la véritable vie n'est pas sur la terre, mais dans le monde des Esprits ; que ma Clémence s'y trouvait heureuse, et que, comme les autres, elle travaillait au bonheur de ceux qu'elle avait connus ici-bas. Or, voici le point sur lequel je désire ardemment être éclairé par vous.

« Je disais, un soir, à ma Clémence : « Ma chère amie, pourquoi, malgré tout notre amour, nous arrivait-il de ne pas toujours voir de même dans les différentes circonstances de notre vie commune, et pourquoi étions-nous souvent forcés de nous faire des concessions mutuelles pour vivre en bonne harmonie?

« Elle me répondit ceci : Mon ami, nous étions

---

fût de même de l'homme terrestre, et cette distinction ne s'applique pas seulement au corps, mais aussi, *mais surtout à l'âme*, dût-on la considérer dans son élément le plus pur. (A. Pezzani, *La pluralité des existences de l'âme.*)

de braves et honnêtes gens, nous avons vécu ensemble ce qu'on peut dire le mieux possible sur cette
terre d'épreuves, mais nous n'étions pas nos moitiés
éternelles. *Ces unions sont rares sur la terre ;* il
s'en rencontre cependant, mais c'est une grande
faveur de Dieu; ceux qui ont ce bonheur éprouvent
des joies qui te sont inconnues.

« — Peux-tu me dire, répliquais-je, si tu vois ta
moitié? — Oui, dit-elle, c'est un pauvre diable qui
vit en Asie, il ne pourra être réuni à moi que dans
cent-soixante-quinze ans (selon votre manière de
compter). — Serez-vous réunis sur la terre ou dans
un autre monde? — Sur la terre. Mais écoute : Je
ne puis bien te décrire le bonheur des êtres ainsi
réunis; je vais prier Héloïse et Abélard de vouloir
bien te renseigner.

« Alors, Monsieur, ces êtres heureux vinrent
nous parler de ce bonheur indicible : « A notre vo-
« lonté, dirent-ils, deux ne font qu'un; nous voya-
« geons dans les espaces, nous jouissons de tout,
« nous nous aimons d'un amour sans fin, au-dessus
« duquel il ne peut y avoir que l'amour de Dieu et
« des êtres parfaits. Vos plus grandes joies ne valent
« pas un seul de nos regards, un seul de nos ser-
« rements de main. »

« La pensée des moitiés éternelles me réjouit, continue le correspondant. Il me semble que Dieu, en créant l'humanité, l'a faite double, et qu'il a dit en séparant les deux moitiés d'une même âme : Allez par les mondes et cherchez des incarnations. Si vous faites bien, le voyage sera court, et je vous permettrai de vous réunir, s'il en est autrement, des siècles se passeront avant que vous jouissiez de cette félicité. Telle est, ce me semble, la cause première du mouvement instinctif qui porte l'humanité à chercher le bonheur, bonheur qu'on ne comprend pas et qu'on ne se donne pas le temps de comprendre.

« Je désire ardemment, Monsieur, être éclairé sur cette théorie des moitiés éternelles, et je serais heureux de trouver une explication à ce sujet dans un de vos prochains numéros. »

Allan Kardec ayant, à ce propos, évoqué Héloïse et Abélard en obtint des réponses contradictoires qu'il publia (1), en les faisant suivre des réflexions suivantes :

(1) Voir la *Revue spirite* de mai 1858. — Une partie de ces réponses a été trop tôt insérée dans le *Livre des Esprits*, cela dès la 2ᵉ édition publiée la même année; l'édition originale ne les contenait pas. — Voir *Les Livres des Esprits*, in-8°.

« La théorie des moitiés éternelles est une figure qui peint l'union de deux Esprits sympathiques, c'est une expression usitée même dans le langage vulgaire, et qu'il ne faut point prendre à la lettre ; les Esprits qui s'en sont servis n'appartiennent assurément point à l'ordre le plus élevé ; la sphère de leurs idées est nécessairement bornée, et ils ont pu rendre leur pensée par les termes dont ils se seraient servis pendant leur vie corporelle. Il faut donc rejeter cette idée que deux Esprits créés l'un pour l'autre doivent un jour fatalement se réunir dans l'éternité, après avoir été séparés pendant un laps de temps plus ou moins long. »

Sans rechercher ici qui a été abusé, du directeur de la *Revue* ou de son correspondant, tout ce que nous avons vu, depuis le commencement de cette étude, indique que le jugement d'Allan Kardec fut trop prématuré (1) ; la suite le démontrera encore davantage, car la question des âmes-sœurs, loin

---

(1) Allan Kardec n'a jamais prétendu à l'infaillibilité ; et si les spirites, en général, l'appellent *Maître*, c'est uniquement par déférence, et en raison des immenses services qu'il a rendus à la Doctrine : mais nous n'avons qu'un seul Maître, qui est le Christ. (MATTHIEU, ch. XXIII, v. 10.)

d'être une figure, comme il le pensait, n'en continua que de plus belle. L'allégorie, le roman, en dehors des communications, s'en emparèrent ; bref, M. Alex. Vincent constatait, dans la *Revue spirite* du 15 mai 1885, à propos de Swedenborg, que la croyance aux âmes-sœurs est chère aujourd'hui à beaucoup de spirites.

Mais revenons un peu en arrière.

Un journal du 13 juin 1862, dit Allan Kardec dans son livre *Le Ciel et l'Enfer*, contenait le récit suivant :

« La demoiselle Palmyre, modiste, demeurant chez ses parents, était douée d'un extérieur charmant auquel se joignait le plus aimable caractère ; aussi était-elle recherchée en mariage. Parmi les aspirants à sa main, elle avait distingué le sieur B..., qui éprouvait pour elle une vive passion. Quoique l'aimant beaucoup elle-même, elle crut cependant devoir, par respect filial, se rendre aux vœux de ses parents, en épousant le sieur D..., dont la position sociale leur semblait plus avantageuse que celle de son rival.

« Les sieurs B... et D... étaient amis intimes.

Quoique n'ayant ensemble aucun rapport d'intérêt, ils ne cessèrent pas de se voir. L'amour mutuel de B... et de Palmyre, devenue la dame D..., ne s'était nullement affaibli, et comme ils s'efforçaient de le comprimer, il s'augmentait en raison même de la violence qu'on lui faisait. Pour essayer de l'éteindre B... prit le parti de se marier. Il épousa une jeune femme possédant d'éminentes qualités, et il fit tout son possible pour l'aimer; mais il ne tarda pas à s'apercevoir que ce moyen héroïque était impuissant à le guérir. Néanmoins, pendant quatre années, ni B... ni la dame D... ne manquèrent à leurs devoirs. Ce qu'ils eurent à souffrir ne saurait s'exprimer, car D..., qui aimait son ami, l'attirait toujours chez lui et lorsqu'il voulait fuir, le contraignait à rester.

« Les deux amants, rapprochés un jour par une circonstance fortuite qu'ils n'avaient pas cherchée, se firent part de l'état de leur âme et s'accordèrent à penser que la mort était le seul remède aux maux qu'ils éprouvaient. Ils résolurent de se faire mourir ensemble et de mettre leur projet à exécution le lendemain, le sieur D... devant être absent de son domicile une grande partie de la journée. Après avoir fait leurs derniers préparatifs, ils écrivirent une longue et touchante lettre expliquant la cause de la mort qu'ils se donnaient pour ne pas manquer à leurs devoirs. Elle se terminait par une demande de pardon et la prière d'être réunis dans le même tombeau.

« Lorsque le sieur D... rentra, il les trouva asphyxiés... Il a respecté leur dernier vœu, et a voulu qu'au cimetière ils ne fussent pas séparés. »

Ce fait, ajoute Allan Kardec, ayant été proposé à la Société de Paris comme sujet d'études, un Esprit répondit :

« Les deux amants qui se sont suicidés ne peuvent encore vous répondre ; je les vois, ils sont plongés dans le trouble et effrayés par le souffle de l'éternité. Les conséquences morales de leur faute les châtieront pendant des migrations successives *ou leurs âmes dépareillées* se chercheront sans cesse et souffriront le double supplice du pressentiment et du désir.

« L'expiation accomplie, *ils seront réunis pour toujours dans le sein de l'éternel amour.* Dans huit jours, à votre prochaine séance, vous pourrez les évoquer ; ils viendront, mais ils ne se verront pas : *une nuit profonde les cache pour longtemps l'un à l'autre.*

Ce récit émouvant et la communication qui le suit n'ont pas besoin de commentaires bien étendus pour en saisir le sens. C'est bien là, en effet, le tableau vivant de deux âmes-sœurs *destinées à se réunir fatalement un jour après avoir été séparées plus ou moins longtemps.* L'Esprit qui s'est communiqué, comme interprète, s'est servi d'un terme qu'il est bon de retenir au passage. Il parle des âmes *dépareillées :* ce mot est la clef du mystère. Toutes les âmes, au début, seraient donc *appareillées ;* leur chute les *dépareillerait,* et leur tâche serait de se *rappareiller* en accomplissant les épreuves nécessitées pour cette réunion.

Dans un autre livre médianimique d'une certaine valeur, intitulé : *Études sur la spiritualité,* **par** Edme Laurency, et dicté précisément par deux Esprits, l'un masculin, Emmanuel, l'autre féminin, Lia, on lit ceci au sujet du mariage terrestre :

« L'alliance désignée par le mot *mariage* est une **pâle, mais fidèle image de l'amour fraternel, par attraction, dans les mondes spirituels.**

« L'attraction purement charnelle *est une dépendance de la nature animale.* L'attraction charnelle, disciplinée par l'intelligence, soutenue par le

sentiment du devoir, est une loi d'amour, loi immortelle, qui prête des ravissements incomplets à la
créature charnelle, mais qui soude les Esprits deux
à deux dans la carrière des félicités lumineuses, des
amours infinies.

« Le mariage, tel qu'il s'offre à l'esprit pénétré
des lois générales, est une chaine indestructible
dont le devoir rive les anneaux ; mais les hommes
ne comprennent pas encore le mariage. C'est pourquoi nous ne pouvons formuler d'appréciation
que sur une hypothèse de notre propre esprit, en
détournant nos regards des hideuses profanations.

« Le mariage, dans les mondes charnels en voie
de progression morale, dessine l'harmonie des
Esprits et le concours actif des volontés pour arriver
au bonheur préparé par Dieu dans la demeure tem-
poraire de la créature charnelle. — *Il élève l'amour
charnel en l'entourant d'autres amours* et en le
sanctifiant par le devoir. Il ennoblit la créature
charnelle par l'égalité des droits pour gravir en
commun toutes les aspérités de l'existence humaine
sous le regard de Dieu.

« Le regard de Dieu, c'est la sanction de l'union,
le sceau de l'inviolabilité des promesses, de l'immua-
bilité de l'amour, de l'agrandissement des harmo-

5

nies et des espérances. Le regard de Dieu fonde la
sécurité et le dévoûment réciproque, détermine la
tendresse et la docilité des enfants issus de l'union,
et l'union ainsi bénie prépare la famille future,
dépose le germe des dilatations fraternelles entre les
membres de plusieurs familles ; et les familles s'enchainent par le devoir, et le devoir s'exhale en dehors
des familles comme un parfum préservatif des maux
de la grande famille.

« Nous l'avons dit d'ailleurs, le mariage n'est
point compris par les hommes, et pour honorer
cette institution en la décrivant, il faut la représenter
telle qu'elle devrait être, et non pas telle qu'elle
est.

« La famille donne naissance à tous les devoirs,
et les devoirs sont remplis de telle sorte sur la terre,
que la société humaine actuelle offre *le plus effroya-*
ble tableau que puisse rêver un esprit en
démence furieuse. Pères, mères, unis par la honte
et séparés par le crime ; fils dénaturés, frères assas-
sins violateurs de tous les droits, meurtriers et
femmes vendues, passez !... Je ne puis vous accorder
aucune parole de commisération dans ces pages
dictées pour glorifier le devoir, et je veux encore
bien moins pénétrer dans vos mystères d'iniquité.

« O mon Dieu ! bénis ce monde impur en faveur
des hommes de bonne volonté, et prête-nous la force
de créer l'avenir, malgré les montruosités présentes (1). Délivre-nous le don de te faire connaître aux
malheureux dégradés, aux esclaves des passions
brutales, à tous les désœuvrés dissipateurs de l'intelligence, à tous les profanateurs des vérités que
tu nous permets de démontrer ici. »

Il vient d'être dit que les hommes n'ont pas encore
compris le mariage, et que pour honorer cette institution, il faut la représenter telle qu'elle devrait être
et non pas telle qu'elle est.

Ce qu'elle est, ici-bas, nous ne le savons que trop,
et le tableau qu'on vient d'en faire n'est malheureusement pas trop chargé.

Ce qu'elle devrait être, nous pouvons en juger par
les mondes supérieurs dont on a vu précédemment la
description, et où le principe divin de l'amour n'a
pas été faussé.

Dans cet ordre d'idées, et pour nous reporter au

(1) Par le contact de leurs vices, les hommes se rendent
réciproquement malheureux *et se punissent les uns par les
autres.* (Allan Kardec, *Le Spiritisme à sa plus simple expression.*)

principe des choses, nous n'avons qu'à remonter du spiritisme au Christ, et du Christ à Moïse, car ces trois grandes révélations s'enchainent et se complètent l'une par l'autre, comme l'a parfaitement établi Allan Kardec (1).

(1) « Dans le sens spécial de la foi religieuse, dit Allan Kardec, la révélation se dit plus particulièrement des choses spirituelles *que l'homme ne peut savoir par lui-même, qu'il ne peut découvrir au moyen de ses sens, et dont la connaissance lui est donnée par Dieu ou par ses messagers,* soit au moyen de la parole directe, soit par l'inspiration. Toutes les religions ont eu leurs révélateurs, et quoique tous soient loin d'avoir connu toute la vérité, *ils avaient leur raison d'être providentielle,* car ils étaient appropriés au temps et au milieu où ils vivaient, au génie particulier des peuples auxquels ils parlaient et auxquels ils étaient relativement supérieurs. *Malgré les erreurs de leurs doctrines,* ils n'en ont pas moins remué les esprits, et par cela même semé des germes de progrès qui, plus tard, devaient s'épanouir, *ou s'épanouiront un jour au soleil du christianisme.* — Une importante révélation s'accomplit à l'époque actuelle : c'est celle qui nous montre la possibilité de communiquer avec les êtres du monde spirituel. Le spiritisme, *prenant son point de départ dans les paroles mêmes du Christ,* comme Christ a pris le sien dans Moïse, *est une conséquence directe de sa doctrine.* Au point de vue religieux, le spiritisme a pour base les vérités fondamentales de toutes les religions : Dieu, l'âme, l'immortalité, les peines et les récompenses futures ; *mais il est indépendant de tout culte particulier.* Comme croyance aux Esprits, il est également de toutes les religions, parce que les manifestations sont de tous les temps, et que le récit

Or donc, un jour, des Pharisiens vinrent pour
tenter Jésus, et ils lui dirent :

« Est-il permis à un homme de répudier sa femme
pour quelque sujet que ce soit? » Et il leur répondit :
« N'avez-vous pas lu que celui qui créa l'homme, au
commencement fit un homme et une femme, et qu'il
est dit : « C'est à cause de cela que l'homme quittera
« son père et sa mère, et qu'il s'attachera à sa femme,
« et les deux ne seront qu'une seule chair. » Ainsi,
ajouta Jésus, ils ne sont plus deux mais une seule
chair; que l'homme ne sépare donc point ce que
Dieu a uni. — Les Pharisiens répliquèrent : « Pourquoi donc Moïse a-t-il commandé de donner la lettre
de divorce, et de répudier sa femme ? — Et Jésus
leur dit : « C'est à cause de la dureté de votre cœur
« que Moïse vous a permis de répudier vos femmes ;
« *mais il n'en était point ainsi au commence-*
ment. » (MATTH., XIX, 3-9; - MARC, X, 2 - 12.)

Le Christ, en répondant à ses interlocuteurs, s'en

s'en trouve dans toutes les religions, sans exception. Comme
morale, IL EST ESSENTIELLEMENT CHRÉTIEN, parce que celle
qu'il enseigne n'est que le développement et l'application de
celle du Christ, *la plus pure de toutes.* » ALLAN KARDEC, Genèse, chap. Iᵉʳ; — *Le Spiritisme à sa plus simple expression.*)

réfère d'abord à Moïse, et les paroles qu'il invoque, comme autorité, sont bien celles de la Genèse (1).

(1) Genèse, ch. ii, v. **24.**

Le mosaïsme est la révélation ancienne la plus autorisée, puisque le christianisme et le spiritisme en découlent ; aussi la cosmogonie de Moïse l'emporte-t-elle sur toutes les autres comme la lumière l'emporte sur les ténèbres. Il suffit, pour s'en convaincre, de la comparer avec celle des Indous, dans les Védas et les Lois de Manou : des Parsis, dans l'Avesta ; des Chinois, dans le Y-King ; des Égyptiens, dans Hermès et le Livre des Morts ; des Phéniciens, dans Sanchoniaton ; des Chaldéens, dans Bérose ; des Grecs, dans Hésiode ; des Étrusques, dans Suidas ; des Scandinaves, dans les Eddas ; des Mexicains, dans le Popol Vuh, etc. — Mais, comme le remarque justement Bossuet, tout ce que nous enseigne l'Écriture sainte sur la création de l'univers n'est rien en comparaison de ce qu'elle nous dit de la création de l'homme.

Reste le mode d'interprétation.

« La question du premier homme dans la personne d'Adam, comme unique souche de l'humanité, dit Allan Kardec, n'est point la seule sur laquelle les croyances religieuses aient dû se modifier. Le mouvement de la terre a paru, à une certaine époque, tellement opposé au texte sacré, qu'il n'est sorte de persécutions dont cette théorie n'ait été le prétexte, et pourtant la terre tourne malgré les anathèmes, *preuve évidente de l'erreur dans laquelle on peut tomber en prenant à la lettre les expressions d'un langage souvent figuré...* . Faut-il en conclure que la Bible est une erreur ? Non ; *mais que les hommes se sont trompés en l'interprétant.* » *Livre des Esprits* (59). - Parlant de la Genèse spirituelle, Allan Kardec dit, dans un autre ouvrage : « Il fallait les connaissances que le spiritisme a apportées touchant les rapports du principe

Mais ce qu'il ajoute lui-même est plus grave.

spirituel et du principe matériel, sur la nature de l'âme, *sa création à l'état de simplicité et d'ignorance*, son union avec le corps, sa marche progressive indéfinie à travers des existences successives, et à travers les mondes qui sont autant d'échelons dans la voie du perfectionnement, son affranchissement graduel de l'influence de la matière *par l'usage de son libre arbitre*, la cause de ses penchants *bons ou mauvais* et de ses aptitudes, le phénomène de la naissance et de la mort, l'état d'Esprit dans l'erraticité, enfin l'avenir *qui est le prix de ses efforts pour s'améliorer* et de sa persévérance dans le bien, pour jeter la lumière sur toutes les parties de la Genèse spirituelle. Grâce à cette lumière, l'homme sait désormais d'où il vient, où il va, *pourquoi il est sur la terre et pourquoi il souffre* ; il sait que son avenir est entre ses mains, *et que la durée de sa captivité ici-bas dépend de lui.* La Genèse, sortie de l'allégorie étroite et mesquine, lui apparaît grande et digne de la majesté, de la bonté et de la justice du Créateur. Considérée de ce point de vue, la Genèse confondra l'incrédulité et la vaincra. » (*Genèse*, ch. XII.)

Ce sont là des idées sainement spirites. Mais au point de vue scientifique, Allan Kardec n'a pas eu, vis-à-vis de Moïse, toute la réserve que lui commandait l'état des connaissances de son temps ; aussi sa critique de la cosmogonie biblique est-elle loin d'être juste. C'est ainsi que, dans le même chapitre, il dit, par exemple, à propos de la création de la lumière *avant* le soleil, et de la formation du soleil *après* celle de la terre : « L'erreur vient de l'idée fausse où l'on a été longtemps que l'univers tout entier a commencé avec la terre, et l'on ne comprend pas que le soleil a pu être créé après la lumière. On sait maintenant qu'avant notre soleil et notre terre, des millions de soleils et de terres ont existé, qui jouissaient par conséquent de la lumière. L'assertion de Moïse est donc par-

« *Que l'homme, dit-il, ne sépare pas ce que Dieu a uni.* »

faitement exacte en principe, et, *involontairement ou non*, il n'a pas commis d'erreur en disant que la lumière avait précédé le soleil ; *mais elle est fausse en ce qu'il fait créer la terre avant le soleil ;* la terre, étant assujettie au soleil dans son mouvement de translation, *a dû être formée après lui :* ce que Moïse ne pouvait savoir, *puisqu'il ignorait la loi de gravitation..* »

Observons d'abord que nous n'avons pas à nous préoccuper de savoir si Moïse connaissait ou non les lois générales de l'univers et en particulier la loi de gravitation puisque, en sa qualité de médium, il n'a été qu'un intermédiaire dans l'œuvre qu'il nous a laissée. Mais la question, pour Allan Kardec, est précisément de savoir si, même en considérant la cosmogonie mosaïque comme une révélation, elle est réellement l'expression de la vérité scientifique, et son critérium il le prend dans la théorie de Laplace sur laquelle la science s'appuyait de son temps. Or cette théorie célèbre, dit M. Faye, *est actuellement en pleine contradiction avec les découvertes récentes des astronomes.* En effet, non seulement il est acquis que la lumière a précédé le soleil, mais la terre elle-même, paraît-il, *aurait été formée longtemps avant lui,* bien qu'elle lui soit assujettie dans son mouvement de translation, ce ce qui donne encore raison à Moïse. On peut en dire autant de la théorie de la *génération spontanée,* si contraire à la cosmogonie biblique, et qu'Allan Kardec n'a pas craint de donner comme à peu près certaine, sans se douter qu'elle allait trouver dans M. Pasteur, quelques années plus tard, un adversaire redoutable.

Disons, à ce propos, que le devoir du spiritisme, en tant que doctrine, est de rester, vis-à-vis de la science, dans la

Si ce rappel énergique du Christ ne se rapportait qu'à l'union corporelle, il aurait certainement peu de sens, **car ce n'est pas une signature donnée, quelquefois à la légère, et ratifiée par un homme, qui peut constituer une union divine.**

Qu'est-ce que Dieu a donc uni, et qu'est-ce que l'homme peut bien séparer? Ce que Dieu a uni, ce sont les âmes, qu'il appareille deux à deux dans ce mystérieux *sommeil* d'Adam, en disant : « Il n'est pas bon que l'homme soit seul. » Ce que l'homme peut séparer, c'est ce couple béni, créé pour la félicité céleste, *mais pouvant se disjoindre en enfreignant la défense divine.*

Voilà le divorce primordialement réprouvé par

plus stricte neutralité s'il ne veut pas, comme le catholicisme, s'exposer à d'amers regrets. — Les Esprits supérieurs sont venus nous poser des problèmes plutôt moraux que scientifiques : nous n'avons donc pas à enchaîner le spiritisme dans telle ou telle hypothèse astronomique, biologique, ou autre. — Si l'Eglise n'avait pas, autrefois, échafaudé sa théologie sur le système de Ptolémée, elle n'aurait pas, aujourd'hui, la condamnation de Galilée sur la conscience. Que ce triste exemple nous serve de leçon. Bénissons Dieu des bienfaits que la science a répandus dans le monde, mais laissons les savants à leurs travaux : ils ont leur mission, nous avons la nôtre. A la science, l'étude de la matière ; au spiritisme, celle de l'âme.

Dieu, et voilà pourquoi le Christ, voulant rendre le mariage terrestre aussi indissoluble que possible, afin de le modeler, en sous-ordre, sur le mariage céleste, disait, à propos de la séparation : « Il n'en a point été ainsi au commencement. » Et voilà pourquoi encore le Christ n'admettait le divorce qu'en cas d'adultère, parce que c'est l'adultère qui a produit la rupture spirituelle. — Que celui qui a des oreilles pour entendre, qu'il entende, dit l'Evangile.

Ce sont des clartés de ce genre que les Esprits ont répandues à profusion dans un des derniers grands ouvrages médianimiques parus, les « *Vies mystérieuses* ». Dans ce livre, aussi étrange que profond, on trouve la théorie des âmes-sœurs, *et surtout celle de leur déchéance*, développées jusque dans leurs conséquences extrêmes, et contre lesquelles il est bon de se tenir en garde à cause des exagérations qu'elles peuvent engendrer (1). Bien que

(1) Il s'agit ici d'une proposition assez grave. — L'Esprit peut-il, en s'amoindrissant, être puni jusqu'à rentrer momentanément dans les bas-fonds de l'animalité ? Telle est la question. Les « Vies mystérieuses » donnent la chose comme possible, et ce n'est pas une idée nouvelle. Cette opinion fait le fond de la doctrine brahmanique : des hommes éminents l'ont professée, depuis Pythagore jusqu'à Victor Hugo;

ce brillant travail médianimique n'ait pas l'homogénéité d'autres œuvres, comme les Evangiles de

et la Bible elle-même semble l'insinuer dans l'histoire emblé-
matique de Nabuchodonosor changé en bête. (DANIEL, ch. IV.)

Certes, il est difficile de se prononcer pour ou contre cette
théorie, bien qu'elle semble expliquer la *souffrance* chez certains animaux et la *férocité* chez certains autres. Dans cette
hypothèse on pourrait admettre que quelques races furent
créées pour ce genre d'expiations, ce qui ne détruirait pas la
théorie spirite de l'ascension progressive du principe animique dans les trois règnes minéral, végétal et animal. — De
même que, par rapport à l'universalité des mondes, les globes
matériels seulement sont destinés au redressement des Esprits
déchus : de même aussi, parmi les races animales, quelques-
unes seraient affectées aux expiations spirituelles les plus
terribles.

Il est certain que la *souffrance* et la *cruauté* sont, pour
nous, une pierre d'achoppement dans la justification des voies
providentielles. Pourquoi, en effet, certains animaux souffrent-
ils, même douloureusement, pendant que d'autres paraissent
être l'objet de soins attentifs ?... Pourquoi encore certaines
races semblent-elles le symbole de la cruauté la plus horrible,
tandis que d'autres sont l'emblème de la bonté ?... En admet-
tant que la férocité soit *le premier pas* du développement de
l'être inconscient, comment la souffrance peut-elle être une
nécessité de ce développement ?... Un animal qui souffre
excite notre pitié, et notre devoir est de le soulager si nous
le pouvons ; comment la Providence peut-elle y être insen-
sible et se servir de ce mode d'évolution nécessaire qui, dans
ce cas, devrait nous laisser indifférents ?

Autant de questions, autant de mystères. Cependant nous
avons un fil d'Ariane pour nous guider dans ce dédale ; ce fil

Roustaing, par exemple, il faut reconnaitre qu'il en est
le complément, au moins dans sa théorie essentielle,

c'est l'amour maternel. On sait quelle tendresse les mères
animales ont pour leurs petits. Aucune espèce, aucune race ne
fait exception à cette loi ineffable ; toutes sont douées de la
même dose d'affection, ce qui n'est pas le cas de la race
humaine. Il y a même dans notre espèce, chez certaines mères,
absence presque totale de ce sentiment. Les cas sont rares,
heureusement, mais il y en a assez pour pouvoir en parler, et
nous montrer que l'animal nous est supérieur par ce côté là,
ce qui impliquerait la preuve qu'il n'est jamais l'incarnation
d'Esprits déchus, puisque le plus beau des sentiments est
intact chez lui tandis qu'il est souvent atrophié chez nous. Et
cette difficulté se présente, soit qu'on rejette la rétrogradation,
soit qu'on la pousse à l'extrême.

Selon une théorie, tout ce qui est incarnation matérielle:
minérale, végétale, animale et humaine serait punition ; selon
une autre, la déchéance serait un non-sens et ne saurait exister
avec la loi du progrès continu.

Ces deux hypothèses, diamétralement opposées l'une à
l'autre, se heurtent ensemble à cet attribut divin qui s'appelle
amour maternel. Dans le premier cas, les Esprits qui sont
incarnés dans l'animalité, qui est un degré inférieur, devraient
présenter, plus encore que dans l'humanité, le spectacle de
l'absence de l'amour maternel, ce qui n'est pas, au contraire.
Dans le deuxième cas, s'il ne peut y avoir de déchéance et de
rétrogradation dans l'ascension évolutive de l'être, comment
se fait-il que dans l'humanité, qui est l'échelon supérieur, on
rencontre parfois des mères dénaturées, anomalie que ne présente pas l'animalité.

Cet écrasant dilemme nous prouverait non seulement que
les deux théories ci-dessus sont également erronées, mais

celle de la rupture de l'union céleste qui, ainsi qu'on l'a vu dans Cahagnet et Swedenborg, de deux êtres n'en fait qu'un moralement, par la puissance de l'amour.

Mais ce que Swedenborg ne pouvait dire parce que de son temps la théorie de la pluralité des existences n'était pas à l'ordre du jour de la révélation, c'est la raison pour laquelle les deux entités, masculine et féminine, séparées, se trouvaient dépareillées le plus souvent dans leur union ici-bas. Aujourd'hui, grâce aux travaux accomplis dans le champ de la médianimité, nous pouvons nous rendre compte de la marche progressive suivie par la révélation, et rétablir les faits sur lesquels repose la chute originelle.

encore qu'il n'y a point d'espèces animales affectées spécialement à l'incarnation d'Esprits déchus, lesquels ne sortent pas de l'« humanité » quand ils y sont une fois entrés, selon cette parole du *Livre des Esprits* (612) : *Le fleuve ne remonte pas à sa source.* Telle est également la doctrine des Evangiles de Roustaing.

Mais alors pourquoi la souffrance ? La réponse qui semble s'imposer est celle-ci : *La souffrance est indispensable au développement de l'être inconscient, et elle est nécessaire pour le redressement de l'Esprit déchu.*

TROISIÈME PARTIE

———

Lorsqu'un grand changement doit s'accomplir dans le monde, a dit Lamennais, toujours il y a des voix qui l'annoncent, des précurseurs qui disent : Préparez-vous, les temps approchent.

Ce que l'illustre réformateur a dit des changements dans l'ordre social, on peut le dire également des changements dans l'ordre religieux. C'est ainsi que le spiritisme, comme le christianisme dont il est l'épanouissement, a eu ses voix qui l'ont annoncé. Joseph de Maistre, dans ses *Soirées de Saint-Pétersbourg*, l'a prédit en ces termes :

« Une nouvelle effusion de l'Esprit-Saint est au

rang des choses les plus raisonnablement attendues. La science vivante de Dieu remplacera bientôt par illumination la science douteuse des hommes. Nous aurions tort de ne pas nous occuper des hautes questions qui intéressent notre avenir ; car il faut nous tenir prêts pour un événement dans l'ordre divin, vers lequel nous marchons avec une vitesse accélérée qui doit frapper tous les observateurs. Des oracles redoutables annoncent d'ailleurs que les temps sont arrivés (1)!... Il n'y a peut-être pas en Europe un homme de la classe instruite qui n'attende en ce moment quelque chose d'extraordinaire : de tous côtés une foule d'élus s'écrient de concert : Venez, Seigneur, venez ! »

Dans un autre ordre d'idées, et au point de vue du sujet qui vient d'être offert à notre méditation, nous trouvons un prophète d'un autre genre, un de ces hommes divinement inspirés qui d'un bond s'élèvent à la haute compréhension des vérités éternelles. Cet homme, c'est le poète sublime à qui nous devons *La Chute d'un Ange* et *Jocelyn*.

---

(1) Joseph de Maistre, contemporain de Saint-Martin et de Mesmer, avait dix-huit ans lorsque mourut Swedenborg, en 1772.

Dans la *Chute d'un Ange*, Lamartine a voulu
« peindre l'état de dégradation et d'avilissement
« où l'humanité était tombée après cet état primitif,
« presque parfait que toutes les traditions sacrées
« lui attribuent à son origine ; les angoisses d'un
« Esprit céleste, incarné par sa faute au milieu
« de cette société brutale et perverse où l'idée
« de Dieu s'était éclipsée, et où le sensualisme
« le plus abject s'était substitué à toute spiritua-
« lisation et à toute adoration. »

C'est le poème de la chute originelle.

Dans *Jocelyn*, le poète harmonieux, devançant
la révélation moderne dans ce qu'elle a de plus
élevé, s'écrie :

Mon cœur me l'avait dit : toute âme est sœur d'une âme :
Dieu les créa par couple, et les fit homme ou femme ;
Le monde peut en vain un temps les séparer,
Leur destin tôt ou tard est de se rencontrer ;
Et, quand ces sœurs du ciel ici-bas se rencontrent,
D'invincibles instincts l'une à l'autre les montrent :
Chaque âme de sa force attire sa moitié.
Cette rencontre, c'est l'amour ou l'amitié,
Seule et même union qu'un mot différent nomme,
Selon l'être et le sexe en qui Dieu la consomme,
Mais qui n'est que l'éclair qui révèle à chacun
L'être qui le complète, et de deux n'en fait qu'un.

Quand il a lui, le feu du ciel est moins rapide.

L'œil ne cherche plus rien, l'âme n'a plus de vide ;

Par l'infaillible instinct le cœur soudain frappé

Ne craint pas de retour, ni de s'être trompé :

On est plein d'un attrait qu'on n'a pas senti naître ;

Avant de se parler on croit se reconnaître :

Pour tous les jours passés on n'a plus un regard ;

On regrette, on gémit de s'être vus trop tard :

On est d'accord sur tout avant de se répondre :

L'âme de plus en plus aspire à se confondre :

C'est le rayon du ciel, par l'eau répercuté,

Qui remonte au rayon pour doubler sa clarté ;

C'est le son qui revient de l'écho qui répète,

Seconde et même voix, à la voix qui le jette,

C'est l'ombre qu'avec nous le soleil voit marcher.

Sœur du corps, qu'à nos pas on ne peut arracher (1).

C'est là le poème de l'amour éternel, de l'amour inné dans le cœur de tous, comme le dépeint si éloquemment le *Cantique des Cantiques* de Salomon, qui en est la ravissante figure ; amour que Dieu a

---

(1) Dans la *Messiade*, de Klopstock, poème se rapprochant du spiritisme, on trouve une image gracieuse de la création de jumeaux célestes, dont l'un d'eux, Abdiel-Abbadona, ayant failli, fut, pour un temps relégué dans les régions inférieures. — Klopstock, soit dit en passant, est infiniment plus près du spiritisme que Milton.

placé en nous comme un aimant puissant pour nous
attirer à lui.

Mais, si Daïdha et Cédar, Laurence et Jocelyn
ne sont que des fictions et des rêves poétiques, nous
allons voir, dans la vie positive, le cœur humain
réellement aux prises avec les émotions poignantes
de l'amour.

L'an 1079, sur les confins de la Bretagne, au
bourg du Palais, distant de Nantes de huit milles,
naissait un enfant qui plus tard devait remplir le
monde de sa renommée et de ses malheurs. Pierre
Abélard était fils d'un seigneur qui faisait la guerre,
comme tous les seigneurs de ce temps-là, mais qui
n'oubliait pas, malgré cela, la culture de son
esprit. Il voulut que ses enfants eussent une éducation soignée. Le jeune Abélard correspondit admirablement aux desseins de son père, et, pour suivre
sa passion pour l'étude, il abandonna à ses frères
son droit d'ainesse ; il renonça même à la carrière
des armes pour se livrer tout entier au commerce
des muses. Préférant les armes de la dialectique
aux trophées de la guerre, il parcourut, en dispu-
tant, diverses provinces, et devint l'émule des

meilleurs commentateurs d'Aristote. Tout jeune
encore, il était déjà versé dans les langues latine,
grecque et hébraïque ; il était en même temps déjà
philosophe, poète et orateur.

Trop à l'étroit en Bretagne, il se dirigea sur
Paris. Dans la capitale, il trouva l'illustre Guillaume
de Champeaux à l'apogée de sa gloire. Ce rhéteur
célèbre, attirait à l'Université tout ce que la pro-
vince et l'étranger comptait d'intelligences. Abélard
se rangea avec bonheur parmi ses disciples. Mais
bientôt Guillaume de Champeaux, jaloux de son
élève, lui suscita des entraves. La réputation d'Abélard grandit rapidement. A vingt-deux ans, il se
retire à Melun et fonde une école; mais Guillaume
de Champeaux machina tous les moyens pour faire
succomber un concurrent qui lui paraissait déjà redoutable. Malgré l'opposition qui lui fut faite,
l'école de Melun devint bientôt si florissante que la
réputation de Champeaux s'en ressentit. Abélard,
qui sentait poindre son génie, quitta Melun et vint
s'établir à Corbeil, n'osant pas encore, à cause de
son maitre, s'installer à Paris. Mais le travail, les
veilles, avaient presque ruiné sa santé; les méde-
cins lui conseillèrent l'air natal. Au bout de deux
années, il retourne à Paris, ouvre son école et

force, par la puissance de sa dialectique, Champeaux à se retirer. L'école du maître est abandonnée, et le disciple superbe lui enlève ses auditeurs.

Mais l'envie veillait. Attaqué dans ses mœurs, qui étaient alors irréprochables, il fut contraint de se retirer de nouveau à Melun, ce qui n'empêcha pas Guillaume de Champeaux, malgré son astuce, de perdre peu à peu tout son crédit, à tel point qu'une dispute étant survenue entre ses élèves, il fut obligé de se retirer dans un village.

Abélard s'empresse de reparaître, fonde son école sur la montagne Sainte-Geneviève, malgré l'opposition dernière qu'essaye encore contre lui son rancuneux maître. — Sa renommée date de cette époque. Tout lui souriait, et sa gloire n'avait pas d'égale ; il était alors âgé de trente-huit ans, honoré et vénéré par la pureté de ses mœurs, et la régularité de sa conduite. Il avait toujours eu horreur des vices du libertinage, soit par caractère, soit que ses études profondes l'eussent tenu toujours à distance du commerce des femmes, comme il le dit lui-même.

Mais le destin, qui semble se jouer des hommes, lui préparait un de ses coups les plus terribles, si terrible même qu'il fut cause de son malheur.

Il y avait alors à Paris une jeune fille d'une

beauté remarquable, fille ou nièce du chanoine
Fulbert qui, flatté de son intelligence extraordinaire, voulut la pousser à la célébrité. Il n'y par-
vint que trop. Il vint offrir à Abélard de vouloir
bien se charger de sa nièce Héloïse et le laissa
même libre de lui donner des leçons à toute heure
du jour ou de la nuit. On sait ce qui arriva. A
peine Héloïse et Abélard furent-ils en présence
qu'ils tombèrent sous le coup de cette émotion puissante si bien décrite dans Jocelyn. — Tout fut oublié pour eux, et Abélard, malgré les soins qu'il
devait à sa réputation, en vint à célébrer publique-
ment par des vers la beauté d'Héloïse...

On connaît la vengeance qu'en tira Fulbert;
quand il sut jusqu'à quel point il avait été joué par
les deux amants, il aposta deux scélérats dans la
chambre d'Abélard, qui le mutilèrent.

Cette aventure éclata dans Paris comme un coup
de foudre; mais la justice ne se fit pas attendre :
les deux bandits subirent la loi du talion.

Héloïse, qu'Abélard avait fait entrer dans un
couvent quelque temps auparavant, se méfiant de
Fulbert, ne revit plus son amant. Elle fonda dans la
suite le monastère du Paraclet, pendant qu'Abélard
de son côté se retirait à l'abbaye de Saint-Denis où

il devint encore célèbre par sa fameuse dispute
avec saint Bernard.

Ce rapide exposé de ce terrible drame nous montre que les fictions des poètes et des romanciers
sont souvent bien au-dessous de la réalité. Ce q..
rend cette histoire particulièrement poignante, c'est
de voir un homme vertueux jusque-là et une jeune
fille innocente passer si rapidement de la quiétude
de l'esprit aux tempêtes du cœur, et, d'autre part,
ce coup de foudre qui vient les séparer au mépris de
toutes les lois divines et humaines. Il semble vraiment que la rencontre de ces deux puissants Esprits
ait eu pour but de bien montrer aux hommes que
l'amour ici-bas est impossible.

Quel crime avaient commis ces deux êtres pour
mériter une semblable destinée? Rien, si l'on ne
regarde que la terre, car ils s'étaient unis au pied
des autels après leur faute; tout, si l'on se reporte
à l'antériorité de l'âme et à sa chute primitive.

Les voilà donc séparés. Dévorant ses larmes avec
son amour, la pauvre Héloïse passait ses jours et ses
nuits dans la prière, implorant le Seigneur et pour
les sœurs qui lui étaient confiées et pour son époux,
dont le silence lui arrachait l'âme.

Abélard, [ruiné dans sa santé et son amour, désireux de rompre à tout jamais avec un passé douloureux, s'était imposé de ne plus revoir son épouse dans la crainte de réveiller en elle des souvenirs poignants. Mais, malgré les travaux théologiques pour lesquels il s'était repris d'un nouveau zèle, autant pour occuper son esprit que pour calmer son cœur, il ne put résister au désir d'écrire à un de ses amis l'histoire de ses malheurs. Cette lettre, où il retrace sa vie, tomba par hasard entre les mains d'Héloïse, après treize ans de séparation.

On comprend aisément quelle fut son émotion en même temps que sa joie à la lecture de ce récit qui lui rappelait le temps fortuné où elle avait tout sacrifié pour son maître et son amant. C'est alors qu'elle lui écrivit cette lettre déchirante où les reproches les plus amers, occasionnés par son silence, se mêlent aux protestations les plus éloquentes de sa passion indomptée. Elle le supplie de vouloir bien au moins lui écrire, en toute édification, soit pour elle-même, soit pour les moyens de conduite vis-à-vis de ses sœurs, puis elle ajoute :

« Vous savez, ô mon bien cher ! et personne ne l'ignore, combien j'ai perdu en vous perdant ; vous savez que cette abominable trahison, connue partout, m'a retranchée du monde en même temps que vous, et ma douleur est incomparablement plus grande par les circonstances de cette perte cruelle que par la perte elle-même. Plus est grande la cause de la douleur, plus grands doivent être les moyens de conciliation. Ce n'est point d'un autre, c'est de vous que je l'attends : vous qui êtes le seul intéressé dans la cause de ma douleur, seul vous avez le pouvoir de me consoler; car vous êtes le seul qui puissiez m'attrister, qui puissiez me réjouir ou me consoler. Et vous y êtes seul obligé, puisque j'ai accompli aveuglément toutes vos volontés: plutôt que de vous contrarier en quoi que ce fût, j'ai consenti à me perdre moi-même pour vous obéir. J'ai fait plus encore, incroyable dévoûment! mon amour s'est tourné en folie, au point de sacrifier l'unique objet de mes désirs, sans espérance de le recouvrer jamais. Par votre ordre, en prenant cet habit, j'ai changé de cœur aussitôt, pour vous faire voir que vous étiez le possesseur absolu de mon cœur ainsi que de mon corps.

« Jamais, Dieu le sait, jamais en vous je n'ai cherché autre chose que vous; c'était vous, ce n'était pas vos biens que j'aimais ; je n'ai point examiné les conditions du mariage, ni le douaire, ni mes plaisirs, ni mes volontés : ce sont les vôtres, comme vous le savez, que je me suis étudiée à satisfaire. Bien que le nom d'épouse paraisse plus fort et plus saint, celui de votre maîtresse a toujours été plus doux à mon cœur ; et Dieu m'est témoin que si Auguste, maître du monde entier, m'eût jugée digne de l'honneur de son alliance et m'eût assuré à jamais l'empire de tout l'univers, le nom de votre courtisane m'aurait été plus cher et plus glorieux que le titre d'impératrice.

« Je vous ai fait bien du mal, et pourtant, vous le savez, je suis innocente ; car c'est moins le fait que l'intention qui caractérise le crime. L'équité ne pèse pas l'acte lui-même, mais la pensée qui l'a inspiré. Quant à ce qui s'est passé pour vous dans mon cœur, vous qui me connaissiez, vous seul le pouvez juger. C'est à votre examen que je confie tout, j'abandonne tout à votre témoignage.

« Faites, je vous supplie, ce que je vous demande ; c'est si peu de chose et cela vous est si facile. Tandis que je suis frustrée de votre présence, exprimez-moi au moins des vœux qui, grâce à l'éloquence de vos paroles, me rendront la douceur de votre image. J'avais cru, jusqu'à présent, mériter beaucoup de votre part, puisque j'ai tout fait pour vous et que je persévère de plus en plus dans cette soumission. Lorsque, jeune encore, j'embrassai les austérités de la vie monastique, ce n'est pas à une religieuse vocation, c'est à votre ordre que j'ai obéi.

« Par ce Dieu, à qui vous vous êtes consacré, je vous adjure de me rendre votre présence autant qu'il vous est possible, c'est-à-dire en m'écrivant quelques lettres de consolation, afin que, reconfortée par cette lecture, je vaque avec plus de ferveur au service de Dieu. Lorsqu'autrefois vous aspiriez à des voluptés mondaines, vous me visitiez par de fréquentes épîtres, et sans cesse vos vers apprenaient le nom d'Héloïse à toutes les bouches; toutes les places, toutes les maisons retentissaient de ce nom: eh bien, pour m'élever maintenant vers Dieu, ne sauriez-vous faire ce que vous fites jadis pour m'exciter à de terrestres plaisirs? Pesez, je vous supplie, vos devoirs; songez à ce que je réclame, et je termine cette longue lettre par ces seuls mots:

« Adieu, mon tout! »

Cette lettre, dont nous avons extrait les passages se rapportant directement à notre sujet, fut le commencement d'une correspondance, sinon assidue,

du moins assez active pour consoler la pauvre
recluse. Elle ne se termina qu'à la mort d'Abélard,
sept ans après. Sa dépouille mortelle, sur son
désir, fut transportée au Paraclet, où Héloïse, qui
lui survécut vingt et un ans, l'inhuma. Elle plaça
les restes de son époux dans une chapelle qu'Abélard avait fait construire, dont une partie était dans
le cloître, l'autre dans le chœur et qu'on appelait le
Petit Moustier. C'est là que, dans les heures silen-
cieuses de la nuit, et lorsque le sommeil était entré
dans les cellules de ses compagnes, Héloïse venait
pleurer celui qu'elle avait tant aimé. Et, après
vingt et un ans de deuil et de regrets, elle alla repo-
ser avec lui dans le même tombeau, lequel, après des
vicissitudes sans nombre, fut transporté à Paris,
dans le cimetière du Père-Lachaise, où, dit Villenave,
on le voit sans cesse parsemé de couronnes d'immortelles, tribut touchant, payé encore, après tant
de siècles, à la mémoire des deux amants, par
l'amante sensible ou par l'amant malheureux !

Laissons ces deux illustres époux, dont l'amour
vivant a traversé les siècles, voyager de concert
dans les demeures éternelles *où ils ont été réunis
pour toujours*. D'autres exemples nous attendent

pour attester cette loi sublime d'attraction spirituelle de deux êtres en un seul.

Un illustre philosophe de l'antiquité, celui que la sublimité de sa doctrine a fait appeler le « divin », a cherché à définir le beau idéal. Partant du connu pour aller à l'inconnu, Platon s'est élevé par degrés à des hauteurs superbes, et sa définition de l'amour idéal est restée longtemps célèbre (1). Mais, bien qu'il mette la beauté de l'âme au-dessus de celle du corps, il manque à sa conception l'idée fondamentale du vrai, à savoir que la beauté souveraine ne peut résider que dans la réunion des deux sexes, le féminin complétant le masculin. Et c'est une des plus grandes conquêtes de l'esprit moderne d'avoir su envisager la nature humaine telle que Dieu l'a créée, c'est-à-dire la force cédant devant la grâce, la beauté primant le génie, ainsi que Dante et Béatrix en sont un exemple.

Le futur auteur de la *Divine Comédia*, ce monument littéraire, qui devait transmettre aux siècles à venir le nom de Béatrix, n'avait pas encore dix ans lorsqu'il fit la rencontre de celle dont il devait im-

(1) Voyez le *Banquet* ou *l'Amour*.

mortaliser le nom. Cette rencontre eut lieu dans
une fête de famille, chez les parents de Béatrix, où
son père, Alighieri, l'avait mené. Là, malgré leur
extrême jeunesse — Béatrix n'avait pas encore
neuf ans — se produisit ce choc merveilleux chanté
harmonieusement par Lamartine, et qui fixa pour
toujours le cœur du jeune Dante.

Mais laissons-le parler lui-même :

« Neuf mois déjà, après ma naissance, le ciel de
la lumière était retourné au même point, quand
parut à mes yeux, pour la première fois, la glorieuse
Dame de ma pensée, à laquelle beaucoup de personnes, ne sachant comment la désigner, ont donné
le nom de Béatrix. Elle avait déjà assez vécu en ce
monde pour que, dans cet espace de temps, le ciel
étoilé se fût porté vers l'orient de la douzième partie
d'un degré ; en sorte qu'elle m'apparut dans le commencement de sa neuvième année et lorsque j'ac-
complissais la mienne. Elle m'apparut vêtue d'une
couleur rougeâtre, imposante et modeste; et la
manière dont sa ceinture retenait son vêtement
était appropriée à son extrême jeunesse.

« Je dis avec vérité qu'en ce moment l'*esprit de
la vie*, qui réside dans la voûte la plus secrète du
cœur, commença à trembler avec tant de force, que

le mouvement s'en fit ressentir dans mes plus petites veines ; et, tremblant, il dit ces paroles : *Voilà un Dieu plus fort que moi; il va me dominer! Alors l'esprit animal*, qui se tient dans la haute voûte où tous les esprits sensitifs vont porter leurs perceptions, commença à s'étonner beaucoup, et, s'adressant particulièrement aux *esprits de la vue*, dit ces paroles : *Notre béatitude est apparue!* En ce moment l'*esprit naturel*, qui demeure dans la partie basse de notre nature, commença à pleurer et à dire en pleurant : *Ah! malheur à moi, car je serai souvent tourmenté par la suite!*

« Je dis qu'à partir de ce moment, l'amour se rendit maître de mon âme, qui tout aussitôt lui fut fiancée. Et il prit sur moi un ascendant si fort, par la force que mon imagination lui accordait, que je me sentis dès lors contraint de lui obéir complètement. Il m'ordonnait souvent de chercher à voir cet ange de jeunesse, ce qui fut cause que, dans mon enfance, bien des fois j'allais courant après elle ; et je la voyais s'avançant avec tant de noblesse et de dignité, que l'on pouvait certainement lui appliquer ces paroles d'Homère : « Elle ne semblait pas être la fille d'un mortel, mais d'un dieu! » Et bien que son image, qui me suivait sans cesse, fût un moyen que l'amour employait pour me subjuguer, cependant elle avait une vertu si généreuse et si puissante, qu'elle ne souffrait jamais qu'Amour me gouvernât, bien que je fusse privé des conseils de la raison, si utiles en pareilles circonstances. »

Voilà le Dante dans son enfance ; le voici dans son adolescence :

« Quand il y eut tant de jours écoulés, qu'après l'apparition déjà indiquée de cette très noble personne, neuf années étaient accomplies, il arriva que cette merveilleuse Dame m'apparut vêtue d'un habit d'une blancheur éclatante, et placée entre deux nobles Dames un peu plus âgées qu'elle. Comme elle passait dans une rue, elle tourna les yeux vers l'endroit où j'étais. Je me tenais plein d'une crainte respectueuse ; et par l'effet de son ineffable courtoisie, qui reçoit maintenant sa récompense dans le ciel, elle me fit un salut qui produisit sur moi tant d'effet, que je crus toucher aux derniers termes de la béatitude. L'heure à laquelle je reçus ce salut si doux était précisément la neuvième du jour ; et comme c'était la première fois que ses paroles vinrent frapper mes oreilles, j'en ressentis une si grande douceur, qu'enivré en quelque sorte, je quittai la foule.

« Rentré dans la partie la plus solitaire de mon logement, je me mis à penser à cette personne qui s'était montrée si courtoise envers moi; et, tout occupé d'elle, je fus pris par un doux sommeil pendant lequel j'eus une vision merveilleuse. Il me sembla voir une nuée couleur de feu, et, au milieu, un Seigneur d'un aspect effrayant pour ceux qui le regardaient. Quant à lui, chose admirable! il me parut gai. Il dit beaucoup de choses que je n'entendais pas, si ce n'est quelques-unes, et entre autres ces paroles : *C'est moi qui suis ton maître.* Je crus le voir tenant dans ses bras une personne enveloppée seulement d'un drap couleur de sang. Je la reconnus tout aussitôt pour la Dame inspirant la vertu qui avait daigné me saluer le jour précédent. Celui qui la portait tenait dans l'une de ses mains quelque chose qui était tout en feu, et il me dit ces mots : *Vois ton cœur.* Et après quelques instants, je crus voir qu'il éveillait celle qui dormait, et qu'à l'aide de toutes sortes d'inventions, il lui faisait manger cette chose ardente qu'il tenait dans sa main, ce qu'elle ne faisait qu'avec crainte et répugnance. Mais il ne se passa pas beaucoup de temps sans que la gaîté du Seigneur se changeât en plaintes; et, toujours pleurant, il serrait cette Dame dans ses bras et se dirigea avec elle vers le ciel. J'en ressentis une si vive angoisse de cœur, que mon sommeil, qui, n'était que léger, fut interrompu, et je m'éveillai. »

Ce pressentiment du Dante sur l'avenir qui était réservé à Béatrix ne devait que trop tôt se réaliser. Un amour si pur et si divin n'était pas fait pour la terre, où la vertu la plus idéale est si souvent salie.

« A la suite de cette vision, continue le Dante, mon *esprit naturel* commença à être gêné dans ses opérations, parce que mon âme était entièrement adonnée à l'idée de cette très noble Dame. Aussi, devins-je si faible et si fluet en peu de temps, que mon aspect faisait de la peine à mes amis ; et il y eut beaucoup de gens qui, par mauvaise intention, se tourmentaient pour savoir de moi ce que je ne voulais révéler à personne.

« Un jour il arriva que Béatrix assistait en un lieu où l'on entendait les louanges de la Reine de gloire, et où j'étais placé de manière à voir celle qui est ma béatitude. Entre elle et moi il y avait, en suivant la ligne droite, une Dame dont la figure était

fort agréable, et qui dirigea plusieurs fois ses yeux
sur les miens, s'étonnant que je la regardasse aussi
attentivement; car il semblait, par l'effet de ma
position, que mes yeux fussent fixés sur elle. d'où il
arriva que plusieurs s'aperçurent qu'elle me regar-
dait. Aussi, lorsque je sortis de ce lieu, entendis-je
auprès de moi : « Vois donc comme telle Dame tour-
mente ce pauvre homme » ; et en la nommant, je
m'aperçus qu'ils parlaient de celle qui se trouvait
sur la même ligne, entre Béatrix et moi. Je me ras-
surai, et grâce à cette Dame qui me servait comme
de bouclier, je me mis à l'abri de la curiosité des mois
et des années, et pour donner mieux le change aux
indiscrets, je rimai pour cette Dame quelques vers
à sa louange. Mais beaucoup de gens en parlèrent
d'une manière offensante, ce qui me blessa beaucoup
plusieurs fois.

« Ces bavardages, qui tendaient à me noircir, furent
cause que cette noble créature, Béatrix, qui détruisit
tous les vices et fut reine des vertus, passant par un
lieu où je me trouvais, me refusa sa douce saluta-
tion, dans laquelle résidait toute ma félicité. Le salut
m'ayant été refusé, je ressentis une telle douleur, que
je me séparai des assistants et me retirai dans un
lieu solitaire où je baignai la terre de larmes amères ;

qu'après m'être quelque peu soulagé en pleurant, j'entrai dans ma chambre, où je pus me livrer à mon chagrin sans être entendu de personne. »

C'est dans ces alternatives de joie et de tristesse que s'écoula la vie du Dante vis-à-vis de Béatrix, dont la mort, arrivée inopinément le 9 juin 1290, le plongea pour toujours dans une mélancolie profonde. Elle n'avait que vingt-quatre ans. Bien que l'illustre poëte se mariât, un an plus tard, ni sa femme Gemma Donati, ni les six enfants qu'il en eut ne purent le distraire de la céleste créature dont l'auréole de pureté avait illuminé son front et dont le nom est resté depuis comme la personnification de la beauté idéale.

Dans Héloïse et Abélard on trouve encore, bien qu'ennoblies, des traces d'attraction terrestre ; dans le Dante et Béatrix, rien d'humain : c'est l'amour pur et divin, amour qui, avant d'être réuni à sa source s'exhala dans une œuvre merveilleuse inspirée au génie par la beauté (1).

(1) Au point de vue spirite, l'ENFER du Dante présente la description, non de supplices imaginaires, comme on serait tenté de le croire, mais le tableau malheureusement trop exact de ce qui se passe dans les mondes inférieurs, où les Esprits

A ces deux illustres exemples de la loi divine d'union de deux en un, et dont l'application sur nos mondes inférieurs est si rare, il est facile d'ajouter d'autres noms célèbres, témoignant en sa faveur.

coupables viennent s'incarner pour expier leur passé. — Les horreurs qui se sont accomplies dans les guerres et les persécutions; les catastrophes résultant des phénomènes géologiques et atmosphériques; les fléaux naturels, tremblements de terre, inondations, incendies, naufrages, accidents imprévus, en un mot toutes les calamités dont notre planète a de tout temps été le théâtre, et dont l'humanité par suite a été la victime, nous montrent suffisamment que le Dante est encore resté au-dessous de la réalité. Que serait-ce donc si nous visitions les mondes plus inférieurs, car les *cercles* du Dante ne sont pas autre chose! — Interprétée de la sorte, l'œuvre de l'illustre Florentin acquiert une force d'expression d'autant plus terrible que sur la terre même les *démons* n'y ont pas fait défaut. Ont-ils été autre chose, en effet, ces inquisiteurs, ces persécuteurs, ces tyrans, ces bourreaux de toute espèce, vrais monstres vomis par la géhenne éternelle! Et que signifient encore ces haines personnelles, ces vengeances particulières, ces jalousies sans trêve, ces férocités sans merci dont nous sommes tous les jours les témoins au sein même des populations les plus civilisées, sinon que nous habitons le seuil du *monde châtiment*, selon l'expression terrible de Victor Hugo. (*Contemplations*. liv. VI, ch. XXVI.). Voilà l'« Enfer », car il n'y en a pas d'autre: et c'est ici encore le cas de répéter avec Allan Kardec : « Par le contact de leurs vices, les hommes se rendent réciproquement malheureux *et se punissent les uns par les autres*. » (*Le Spiritisme à sa plus simple expression.*)

C'est d'abord Pétrarque, soupirant inutilement pour la belle Laure de Noves.

Laure dont le portrait séduisant est épars dans les vers qu'elle a inspirés, était fille d'Audibert de Noves, chevalier riche et distingué. Elle avait épousé après la mort de son père, Hugues de Sade, patricien originaire d'Avignon, jeune, mais peu aimable et d'un caractère difficile et jaloux. Agée de vingt ans, lorsque Pétrarque la rencontra, elle était aussi sage que belle, et aucune espérance coupable ne pouvait naître dans le cœur du jeune poète. La pureté d'un sentiment que ni le temps, ni l'âge, ni la mort même de celle qui en était l'objet ne purent éteindre, a trouvé, dit Ginguené à qui ces détails sont empruntés, beaucoup d'incrédules ; mais on est aujourd'hui forcé de reconnaître, d'une part, que ce sentiment fut très réel et très profond dans le cœur de Pétrarque ; de l'autre, que si Pétrarque toucha celui de Laure, il n'obtint jamais d'elle rien de contraire à son devoir. Chanter dans ses vers l'objet qu'il avait choisi, sans doute s'efforcer de lui plaire, suivre ses études, cultiver des relations utiles et surtout l'amitié des Colonne, tel fut, pendant les trois premières années de son amour, l'emploi de la vie de Pétrarque.

Cependant cet amour pour Laure prenait chaque jour plus de force. A la ville, à la campagne, dans le monde et dans la solitude, il ne paraissait plus occupé d'autre chose. Tout lui en retraçait l'image ; et confondant cet amour avec celui de la gloire poétique, le nom de Laure lui rappelait le laurier qui en est l'emblème : la vue ou l'idée même d'un laurier le transportait comme celle de Laure. Les vers, où il retraçait toutes les petites scènes d'un amour dont ils étaient les seuls interprètes, jouent trop souvent sur cette équivoque ; mais comme beaucoup d'autres jeux de son esprit, celui-ci trouve une sorte d'excuse dans cette préoccupation continuelle du même sentiment et du même objet.

Laure l'évitait, ou par prudence, ou peut-être pour qu'il la recherchât davantage. Il ne la voyait point chez elle. L'humeur jalouse de son mari ne l'aurait pas souffert. Les sociétés de femmes, les assemblées, les promenades champêtres étaient les seuls lieux où il pût la voir ; et partout il la voyait briller parmi ses compagnes, et les effacer par ses grâces naturelles et par l'élégance de sa parure. Ses assiduités étaient remarquées ; Laure se crut obligée à plus de réserve encore, et même de rigueur. Pétrarque fit un effort pour se distraire d'une passion qui

ne lui causait plus que des peines. Il entreprit un
long voyage, et ne rentra à Avignon qu'après huit
mois d'absence. Tout fut inutile : l'absence n'avait
pu ni le guérir de son amour, ni adoucir les rigueurs
de Laure. Il la retrouva aussi réservée, aussi sévère
qu'auparavant. Ce fut alors qu'il prit plus de goût
pour la solitude et surtout pour le séjour enchanté de
Vaucluse. Il s'y retirait souvent, il errait au bord des
eaux, dans les bois, sur les montagnes. Il calmait
les agitations de son âme en les exprimant dans ses
vers. Ceux qu'il fit à cette époque de sa vie (1334),
ont cette expression vraie et mélancolique qui ne
peut venir que d'un cœur profondément touché. Il
cherchait inutilement des consolations dans la philosophie ; il essaya d'en trouver dans la religion. Il
avait connu, à Paris, dans son voyage, un religieux
augustin nommé Denis de Robertis, né au bourg
Saint-Sépulcre, près de Florence, l'un des plus
savants hommes de son temps. Charmé de trouver
dans cette ville un de ses compatriotes, il lui avait
ouvert son cœur ; il lui écrivit d'Avignon, pour lui
demander des directions dans l'état de souffrance,
d'anxiété et presque de désespoir où il était réduit.
Il en obtint sans doute de très bons conseils, et prit
pour se guérir de son amour d'ex llentes résolu-

tions; mais il suffisait d'un coup d'œil de Laure pour les faire évanouir.

Tel était l'état moral de Pétrarque au moment où commença sa carrière politique. Nous ne raconterons pas ici ses succès et ses triomphes. Dans les diverses missions dont la cour pontificale d'Avignon le chargea soit à Florence, soit à Rome, partout le souvenir de Laure le poursuivait, et celle-ci, au milieu de cette cour corrompue d'Avignon sut se maintenir pure et irréprochable.

Laure avait un mari dont son cœur n'avait pas fait choix; mais cette union lui imposait des devoirs: non seulement elle était mère, mais elle le fut onze fois, et neuf de ses enfants lui survécurent. Il ne manquait à la prospérité de son hymen que l'amour; et si celui de Pétrarque toucha son cœur, il est aisé de concevoir comment, parmi tant de soins domestiques, et de si fréquentes épreuves pour sa santé, elle ne permit à ce sentiment de lui offrir que les seules consolations dont elle eût besoin.

Pétrarque, il faut l'avouer, chercha, sinon un remède, au moins une diversion à cette passion si impérieuse et si violente, dans quelques liaisons passagères dont il rougissait sans doute, puisque nulle part il n'en a nommé les objets, quoiqu'il parle, dans plusieurs endroits de ses lettres, de deux enfants naturels qu'il avait eus.

Le grand poète était absent quand Laure mourut, le 6 avril, dans la terrible peste qui ravagea l'Asie, l'Afrique et l'Europe en 1348. Pétrarque est agité de pressentiments funestes ; des songes lugubres et de continuelles terreurs l'agitent. L'esprit toujours tendu sur Avignon, l'âme élancée pour ainsi dire vers son malheur, il voudrait hâter les courriers ; mais les communications sont interrompues, les courriers n'arrivent qu'avec d'insupportables lenteurs. Le 19 mai il espérait encore, et depuis plus de quarante jours l'objet de tant d'espérances et de tant de craintes n'était plus. Par une fatalité singulière, elle mourut le même mois, le même jour et à la même heure où Pétrarque l'avait vue pour la première fois.

Que devint-il à cette affreuse nouvelle ? Personne n'a entrepris de le dépeindre ; mais le reste de sa vie prouve quelle fut sa douleur ; il ne cessa jusqu'à la fin de s'occuper de Laure. Ses souvenirs, ses regrets, ses chants s'en nourrirent sans cesse. Il perdit avec elle ce qui lui restait de goût pour le monde ; il en prit un plus vif pour la retraite et pour la solitude, où il pouvait ne s'entretenir que d'elle, et où il la retrouvait toujours.

Après ce bref résumé des péripéties de la vie de Pétrarque, il serait superflu de s'appesantir sur l'existence troublée du Tasse. Tout le monde sait les malheurs de l'illustre auteur de la *Jérusalem délivrée*, et le culte idéal qu'il avait voué à Léonore d'Est, sœur du duc de Ferrare, morte également pendant l'absence du poète, ou plutôt pendant son incarcération dans une maison de fous. Laissons cette lamentable histoire pour nous occuper d'un autre grand homme, dont l'amour tardif nous montrera qu'à tout âge le cœur peut être atteint. Il s'agit de Michel-Ange.

Le puissant Esprit qui, ici-bas, a porté ce nom fulgurant, nom qui rappelle la lutte des Titans, Titan lui-même, fut frappé, à son heure, des flèches divines. L'auteur infatigable de tant de chefs-d'œuvre, en peinture, en sculpture, en architecture, en poésie même ; celui dont le génie sublime s'élevait comme le vol de l'aigle ; celui, enfin, dont l'austère incarnation semblait n'avoir d'autre but que d'initier l'homme à la compréhension du divin, devait être terrassé aussi sur le chemin de Damas de l'amour.

Quelle fut donc l'âme assez puissante pour arrêter ainsi le génie en marche ? Cette âme, cette nou-

velle Béatrix, ce fut Vittoria Colonna. Veuve du
duc d'Avalos, et inconsolable de sa perte, Vittoria
Colonna, qui était sœur des muses, se mit à célébrer
les vertus militaires de son époux dans des vers où,
dit Lannau-Rolland, son amour s'exhalait en gerbes
incendiaires.

La renommée d'une femme savante, d'une femme
poète surtout, se répandait promptement en Italie
à cette époque si enthousiaste des arts et des belles-
lettres. Ses poésies parvinrent à Michel-Ange, dont
le nom était depuis longtemps populaire dans toute
la péninsule, et dont le caractère élevé, la nature
austère, si fortement antipathique aux amourettes
mondaines, furent séduits sur le champ par la vertu
même des vers de Vittoria. Il lui écrivit une lettre
empreinte de respect pour sa douleur et d'enthou-
siasme pour ses poésies. Vittoria Colonna répondit
avec réserve, tout en manifestant une admiration
véritable pour le grand artiste. Ce fut le commencement de leurs relations, on pourrait dire de leur
amour, si Vittoria, moins préoccupée du souvenir
dé son époux, eût daigné se rendre aux vœux de
celui dont la vie allait être désormais liée à la sienne.

Vittoria était âgée de trente-cinq ans ; Michel-
Ange en comptait cinquante et un. La jeunesse aux

folles joies, aux radieux horizons n'avait jamais existé pour chacun d'eux et ne devait pas naître au souffle de cette ardeur tardive ; mais elle fut remplacée, pour Michel-Ange au moins, par une passion idéale dont la source, il l'a déclaré dans ses vers, venait de *là-haut!* Voici ce sonnet admirable, où le génie de l'artiste le cède devant la grandeur de l'idée :

« La vie de mon amour n'est pas mon cœur, car l'amour dont je t'aime est sans cœur, et il tend vers un but où ne peuvent exister ni affections mortelles, remplies d'erreurs, ni coupables pensées (1).

(1) Mᵐᵉ Louise Colet a merveilleusement interprété cet amour idéal de Michel-Ange :

« Il n'ouvre pas son âme à l'encens de la terre,
« C'est plus haut qu'il s'abreuve et qu'il se désaltère;
« Fuyant tout sentiment qui pourrait l'enivrer,
« A d'énervants désirs il craint de se livrer,
« Et quand il sent l'amour dans toute sa puissance,
« *C'est un amour divin, d'une immortelle essence;*
« Car cette âme héroïque et pleine de grandeur
« *Ne pouvait ressentir qu'une sublime ardeur!*

« Celle qui sut toucher cette nature austère
« Pour le cloître avait fui les grandeurs de la terre.
« Descendante des rois, fille des Colonna,
« Le monde l'admirait, elle l'abandonna.
« D'un époux qu'elle aimait quand la mort la fit veuve,
« Dieu seul fut son refuge en cette grande épreuve.

« L'amour en faisant émaner nos âmes de Dieu, nous a donné en partage, à moi, des yeux sûrs, à toi cette splendeur que ma passion retrouve jusque dans cette partie de toi-même qui, par malheur, est mortelle.

« Michel-Ange comprit dans leur sublimité
« Sa touchante vertu, sa sévère beauté :
« Il embrase son âme au culte qu'elle inspire,
« A sa sainte amitié chastement il aspire :
« *Pour elle, à tout désir terrestre, il dit adieu ;*
« Sentiment éthéré qui l'élève vers Dieu,
« Sa tendresse devient l'ineffable mélange
« De respect et d'amour que l'on accorde à l'ange,
« Et quand sur lui parfois elle arrête ses yeux,
« *Tous deux, pour s'y rejoindre, ils se montrent les cieux.*

« La première appelée, elle l'y fut attendre :
« Alors, pour la pleurer, sa voix devint plus tendre ;
« On eût dit qu'il avait, dans des adieux touchants,
« Reçu d'elle sa lyre et l'esprit de ses chants ;
« Il sent, dans la douleur dont son âme est saisie,
« A ses lèvres monter des flots de poésie ;
« A celle qui l'entend dans un autre univers,
« Il dit son chaste amour dans la langue des vers ;
« Et le monde, attentif aux accents qu'il répète,
« Sur son front pose encore le laurier du poète.

« Que lui fait cet éclat, quand ses pures amours,
« Charme de sa vieillesse et de ses sombres jours,
« Remontent vers le ciel, et que, seul sur la terre,
« Il porte dans son deuil sa gloire solitaire ?
« Ici-bas, du regard il cherche tristement

« De même que le feu ne peut pas être séparé de la chaleur, le beau ne peut pas être séparé de l'Être éternel, et je glorifie tout ce qui descend de lui, tout ce qui lui ressemble.

« Voyant le paradis dans tes yeux et impatient de revenir là-haut, *où pour la première fois je l'aimai*, je cours, tout brûlant d'amour, sous tes paupières. »

La puissance du génie avait fait découvrir à Michel-Ange ce secret d'outre-tombe, et son amour le lui rendait trop sensible pour qu'il en doutât. Pour lui, Vittoria était bien celle qui devait le compléter ; et, tout mystique que fut l'amour que celle-ci lui rendit, il suffit pour le convaincre de cette vérité profonde.

Cet amour platonique, ou plutôt dantesque, dura ainsi vingt-deux ans ; il fut brisé presque soudainement par la mort. Vittoria Colonna, dont la santé

« Son étoile perdue au sein du firmament.
« Parfois elle lui jette une lueur subite,
« Comme pour lui montrer la sphère qu'elle habite ;
« Mais tandis qu'ébloui par ce rayon divin
« Au lumineux sillon il se suspend en vain,
« L'étoile disparaît, la vision s'efface,
« Et ce n'est qu'en son cœur qu'il retrouve sa trace. »

(Mme Louise COLET, *Raphaël et Michel-Ange*, méditation.)

avait toujours été faible, tomba gravement malade ;
sa parente Giula Colonna la fit transporter dans sa
maison, où elle la combla de soins et ne tarda pas à
recevoir son dernier soupir.

Michel-Ange n'avait pas quitté la demeure où
s'éteignait son amie ; il était agenouillé au chevet
quand vint l'heure fatale de la séparation, et lorsque
Vittoria ne fut plus qu'un cadavre, il baisa la main
glacée de cette femme tant aimée, *dont ses lèvres
n'avaient jamais effleuré le front !...*

Est-il nécessaire maintenant d'ajouter d'autres
noms à cette série de témoins vivants de l'union mystérieuse qui attend les âmes dans les espaces
éthérés ? Que dire des rapports mystiques de saint
François de Salles et de Mme de Chantal, de Fénelon
et de Mme Guyon, de Gœthe et de la comtesse de
Stolberg, de Beethoven et de la comtesse Juliette
Guicciardo, dont l'amour lui inspira la fameuse
sonate en *ut dièze !..*

Si, maintenant, redescendant de ces hauts som-
mets de l'intelligence, nous pénétrions dans les
différentes sphères des classes ordinaires, de combien de drames, de mystères du cœur, de douleurs
secrètes, ne serions-nous pas spectateurs! L'exemple

de Palmyre, cité précédemment, peut nous donner une idée des émotions qui, partout, attendent l'âme humaine ici-bas, et dont la source ne peut être que *là-haut,* selon le mot de Michel-Ange.

On serait mal venu, après tout cela, de nier l'originalité puissante qui caractérise chaque sexe, aussi bien spirituellement que corporellement ; il ne reste plus qu'à s'incliner devant la réalité.

——————

QUATRIÈME PARTIE

Il est donc bien avéré que l'amour est un sentiment universel : sur la terre, dans le ciel, partout l'union à deux est un besoin de l'âme. Et non seulement nous sentons que cette passion est le rouage essentiel de la machine divine, mais nous comprenons encore que son fonctionnement n'est pas un accident de la vie en chacun de nous. Non ; il faut à l'âme humaine autre chose qu'un passe-temps, qu'une distraction, car, spectacle merveilleux ! plus l'âme s'élève, plus cette union s'impose, tout en se spiritualisant (1).

(1) « Il n'y a rien de borné dans l'amour, que pour les âmes bornées. — Les êtres qui sont destinés à vivre d'une vie de sentiment sentent que l'amour est plus nécessaire à la vie de l'Esprit que les aliments ne le sont à celle du corps. »

(Mme DE LAMBERT).

Il semblerait, au premier abord, qu'une âme supérieure, fortement trempée, dût se suffire à elle-
même, et, pareille à une divinité, agir par son propre mouvement. Eh bien, c'est le contraire. Sans
remonter aux temps mythologiques, grecs, indiens,
scandinaves, où nous voyons les cieux peuplés de
divinités mâles et femelles agitant en commun les
questions les plus élevées comme les plus puériles
— et c'est là une vérité d'intuition introduite dans
le monde par le génie des peuples — nous avons
vu que les plus grands Esprits de la terre, malgré
leur puissance individuelle, n'ont pu se soustraire à
la loi commune. En tout temps, comme en tout lieu,
le grand précepte de la Genèse: *Il n'est pas bon
que l'homme soit seul,* a retenti; et d'un bout du
monde à l'autre, les peuples ont répondu avec l'Évangile : *Que l'homme ne sépare pas ce que Dieu a
uni.* De là découle la supériorité du mariage
sur le célibat, comme celle de la monogamie
sur la polygamie; ainsi l'ont compris tous les peuples civilisés. Le spiritisme vient, à son heure, perfectionner la compréhension de cette loi admirable
de deux en un, en nous faisant remonter à sa source
et en nous initiant aux mystères d'outre-tombe. Par
lui, nous comprenons enfin pourquoi l'amour, source

de toute félicité, est cause, sur terre, de tant de
maux, et pourquoi aussi ce sujet, quoique vieux
comme le monde, *est éternellement jeune à notre
cœur*. Il est l'âme de toutes les productions le
l'esprit ; aussi l'imagination s'est-elle exercée à le
représenter sous toutes ses faces, au théâtre comme
dans le roman, et toujours en faisant consister en
lui la suprême félicité (1). Nous sentons bien, en
définitive, qu'en dehors de ce sentiment tout est
incomplet, fade, insipide, et que le ciel même serait
sans saveur et sans charme s'il était privé de cet
idéal, dans sa pureté.

Se représente-t-on, en effet, ce que deviendraient
les Esprits, arrivés au sommet de la perfection sidé-
rale, tous identiques, formant une société angélique
uniforme, animée seulement d'une sympathie de
caractère — telle que serait, par exemple, sur la
terre une société d'hommes sans femmes, ou de
femmes sans hommes ; — occupés exclusivement
dans les hauteurs des cieux de la direction des
astres et de la combinaison des fluides? Mais les
mondes matériels, où l'union à deux est une loi de

_____

(1) Les écrivains les plus sérieux en sont là : témoin Mme de
Staël.

nature, seraient cent fois préférables ; car bien que l'amour y soit faussé, par suite du *dépareillement* des êtres, toujours est-il qu'il y procure, au moins pendant la première période de la vie, des jouissances ineffables !

Et puis, si les Esprits n'étaient pas de deux « sexes », qui voudrait parmi eux s'incarner *femme* dans les mondes inférieurs matériels où l'homme, on ne sait par quel étrange privilège, accapare toutes les jouissances pour ne laisser à la femme que le rôle de machine de travail (1), ainsi que cela se voit encore si souvent sur notre terre ! N'y a-t-il pas là encore une preuve que l'incarnation mâle ou femelle est adéquate à la nature même de l'Esprit, ou, comme le dit si bien Jean Reynaud, *n'en est qu'une répercussion ;* et s'il lui est possible de permuter, ce que nous pouvons admettre sans peine, cela ne peut avoir lieu qu'en cas absolu de *punition* ou de *mission*. On pourrait même restreindre ce dernier, car nous savons que, pour les missions, ainsi que

_____

(1) La Genèse a prévu le cas, comme conséquence de son initiative dans le drame de la déchéance. (Genèse, ch. III, V. 16.) — L'initiative de la femme vient de sa puissance et de son besoin d'aimer ; « que celui qui est sans péché lui jette la première pierre. » (JEAN, ch. VIII, v. 7.)

l'enseigne Michel de Figanières, dans la « *Vie universelle* », à tous les degrés de la spiritualité on
trouve les missionnaires des deux «sexes», et cela
jusque parmi les purs Esprits que Dieu envoie
comme *Grands Messagers* ou *Grandes Messagères*.

Au surplus, qu'ont été parmi nous toutes ces
femmes célèbres dans les arts, les lettres, les
sciences, les armes même, sinon de véritables
grandes messagères venant prouver l'existence de
la puissance féminine et l'immortalité individuelle
des deux sexes (1). Bien plus, la sexualité spirituelle
s'affirme jusque dans l'animalité par l'amour maternel. « Chez les animaux, dit M. Legouvé, la
maternité ressemble à un sentiment ; leur amour
paternel n'est qu'une exception, leur amour qu'un
instinct ; mais la maternité leur donne la prévoyance,
la tendresse, le dévoûment, l'héroïsme même. La
lionne à qui l'on enlève ses petits devient terrible
comme un lion ; le lion s'éloigne. Approchez-vous,
continue le charmant écrivain, d'une nichée de fau-
vettes cachée au printemps dans un buisson ; si c'est
le mâle qui couve les petits, à votre approche il

(1) La mission de Jeanne d'Arc en est un exemple éclatant.

s'envolera vers les branches supérieures, criant,
s'agitant, mais il s'envolera. Si c'est une femelle,
elle restera. Vous verrez son petit cœur battre sous
ses plumes, son œil noir s'arrondir et briller de
terreur ; n'importe, elle restera ! Il y a certainement
là un sentiment ! Il y a vaillance, puisqu'il y a peur !
Il y a dévoûment, puisqu'il y a sacrifice ! Par
l'amour maternel, ajoute M. Legouvé, l'animal
touche à la nature humaine, et la nature humaine
s'élève presque jusqu'à la nature divine » (1).

L'amour maternel chez les animaux est une dernière preuve de l'existence de deux principes spiri-
rituels différents, se manifestant au dehors, chacun
dans leurs attributs respectifs, et cela bien avant
d'arriver à la nature humaine (2), d'où cette conséquence que les êtres conservent éternellement leur
individualité, dès qu'elle est arrivée à un certain

---

(1) LEGOUVÉ, Conférences parisiennes: *La Femme.*
(2) Les exemples, heureusement rares, de mères dénaturées
témoignent encore en faveur de la sexualité spirituelle et de
la chute originelle, car, ou ces mauvaises mères sont l'incarnation accidentelle d'Esprits *masculins* peu avancés, ou, s'ils
sont *féminins*, jusqu'où donc ont-ils rétrogradé pour avoir
même perdu le sentiment qui fait l'ornement de l'animalité !
(Voir la note, p. 74.)

degré de développement. « Tant que l'Esprit est inférieur, est-il dit dans les *Vies mystérieuses*, il s'incarne dans les deux sexes pour développer parallèlement les aptitudes et facultés de son Etre. Il agrandit ainsi sa vraie tendance, son essence positive ou négative qui existe en puissance chez lui, mais non encore en fait, jusqu'au moment où il aura conquis la claire connaissance de lui-même. Alors l'Esprit est classé sexuellement : il est Esprit *mâle* ou *femelle*, et, conséquemment, il est titré en positif ou en négatif, et ses incarnations seront l'un ou l'autre. »

A cela, nous devons ajouter qu'il faut en excepter, dans tous les mondes matériels, les cas ordinaires de mission, et surtout d'expiation, mais qui n'altèrent en rien la nature intime de l'Esprit. C'est ainsi que nous devons interpréter le paragraphe du *Livre des Esprits* (200), relatif aux « sexes », autrement ce serait lui faire dire le contraire de ce que l'humanité entière pense sur cette question, à savoir que les deux *flammes*. masculine et féminine, diffèrent, spirituellement parlant (1), toute considération

(1) Le *Livre des Esprits*, du reste, en dit assez pour nous fixer à cet égard, lorsque à cette question : Les Esprits ont-ils des sexes ? il répond : *Non point comme vous l'entendez.*

d'organisme matériel à part. — Il faut toujours prendre l'humanité pour critérium des vérités révélées, et les Esprits nous ont constamment dit de nous étudier à bien connaître notre monde, si nous voulions arriver à nous rendre compte du leur; c'est l'application, en grand, du fameux précepte: *Connais-toi toi-même;* c'est par conséquent le meilleur moyen de ne pas nous égarer dans nos interprétations médianimiques.

La sexualité spirituelle étant reconnue, on se retrouve en face de cette question : Libérés des entraves de la matière, c'est-à-dire ayant reconquis, ou, si l'on veut, acquis le droit à la vie exclusivement fluidique, les Esprits sont-ils définitivement unis à leur conjoint par un mariage éternel, ou restent-ils, comme dans les incarnations terrestres, sujets à des unions temporelles et accidentelles?

Il a déjà été répondu précédemment à cette question. Nous avons vu dans Swedenborg, dans Caha-

---

Cette réponse implique un « sexe » *moral* et *fluidique,* et nous montre bien que le paragraphe suivant doit être interprété *dans le sens de l'expiation,* point de vue sous lequel le *Livre des Esprits* est écrit. — Ce sont les réflexions dont Allan Kardec a accompagné ce paragraphe et celui qui traite des « moitiés éternelles »*,* qui ont fait l'équivoque à ce sujet. Voyez ci-devant les notes, pages 25 et 59.

gnet, et par l'histoire de Palmyre, citée par Allan
Kardec, que les Ames, une fois unies spirituellement, le sont pour l'éternité (1). Cependant, cette
union, quoique définitive, peut encore être rompue
momentanément par les *missions* dont se chargent
les Esprits sur les mondes matériels, ainsi qu'il est
dit dans le livre des *Vies mystérieuses* :

« Le mariage d'Esprits est la réunion des deux
parties spirituelles *disjointes par les conséquences
de la chute*, et qui, *remontant séparément par
le secours des incarnations matérielles*, ont
reconquis leur individualité et complété leur être.

« L'Esprit, scindé par la faute, est complété
par l'union ; ce sont deux êtres en un. L'individualité reste distincte, la volonté de même.

« Le mariage d'Esprits peut avoir lieu dès le
premier ciel (2). Il ne se forme que sous l'empire
d'un sentiment profond et véritable,   d'une smpa-

---

(1) On en a la preuve sur la terre, où les amants ne manquent jamais de se jurer un amour éternel. Mais, hélas ! tout
s'écroule bientôt, à l'exception toutefois de ce mirage d'amour
sans fin qui reste en nous, et qui n'est réalisable que là-haut,
où tout est éternellement jeune, beau et pur.

(2) Le « premier ciel », la région des *réhabilités*, au-dessus
de celle qu'habitent les Esprits *errants* proprement dits, c'est-
à-dire *soumis à la réincarnation sur les mondes matériels*.

thie éclairée par la vue distincte des pensées mutuelles. Union de pensée, de volonté, de fluide : ces trois éléments constituent tout l'Etre, et ainsi il y a union complète. Mais ce n'est pas la fusion, parce que cette union peut encore être rompue par des incarnations, tandis que la fusion, une fois accomplie, la chute seule de l'âme pivot ou âme centrale peut en séparer les individualités. L'union simple ou mariage serait donc un commencement de fusion, n'était l'obligation d'une séparation prochaine (1).

« Sans doute, l'union se renoue après le temps donné aux voyages sur la terre ; mais il y a un autre obstacle à ce que le mariage soit considéré comme fusion au plus simple titre : c'est que le mariage rend l'Esprit complet, lui restitue son autonomie, c'est-à-dire lui rend les deux titres qui forment son essence : le masculin et le féminin.

« La fusion, au contraire, ne cherche nullement la différence des titres ; loin de là, car la passion majeure : *amitié*, préside surtout au fusionnement ; tandis que c'est la passion mineure : *amour*, qui préside aux unions simples (2).

(1) Les missions sont toujours volontaires, mais la solidarité les rend obligatoires.

(2) La fusion se produit par l'alliance sympathique des

« La vie du mariage entre Esprits est très désirable, tant qu'on n'a en vue que le contentement
intime, le bonheur intérieur et un peu égoïste de la
famille. — La joie continuelle de se savoir aimé,
compris, préféré, soutenu par un autre soi-même,
devrait être la seule ambition dans les unions terrestres. Cette attente est presque toujours déçue parmi
les hommes. Dans les cieux, elle n'est jamais
trompée, parce qu'on connait depuis longtemps
l'individualité spirituelle que l'on s'adjoint, et que ses
pensées et ses actes *sont les compléments des vôtres.*

« On est libre cependant. Les occupations varient
suivant la volonté des Esprits : le savant solitaire
travaille et étudie autrement que le savant, père de
famille.

« La paternité est toute d'adoption. Les Esprits
nouveaux sont appelés par les couples qui veulent
une famille à guider, à instruire. En ce sens, la vie
et les occupations des Esprits, unis et complétés par
le mariage, ne diffère point essentiellement de celle
des êtres terrestres : moins de tâtonnements, de
déceptions et d'erreurs; plus de confiance, de ten-

différents groupes unis par le mariage. Il est facile de supposer que dans les diverses régions célestes, les Esprits se
groupent par sociétés, absolument comme sur la terre.

dresse, de dévoûment, voilà tout; mais, de ces différences, résulte un écart qui constitue le bonheur pour les habitants de ce ciel.

« Ainsi donc, le mariage d'Esprits est l'union simple de deux êtres Esprits, de titre différent. Ce lien, très étroit et très heureux, n'existe qu'à partir du premier ciel (1). Dès lors, il est revenu au point où il se trouvait, apte à vivre sur les mondes fluidiques, ou habitant les cieux du même degré (2). L'Esprit complet, dans sa voie normale, appartient aux heureuses catégories, qui, par leur sagesse, ont su échapper à la domination matérielle; mais il

(1) L'union spirituelle, en supposant qu'elle soit une vérité absolue, ne peut se faire évidemment dans les régions de l'*erraticité*. Elle ne commence qu'au premier rang des réhabilités; mais souvent elle n'a lieu que bien plus haut encore, selon que l'un des conjoints est en avance *moralement* sur l'autre : l'inégalité *intellectuelle* n'étant nullement un obstacle à cette conjonction, *car c'est la bonté seule qui* SAUVE Voyez le jugement du Christ, MATTHIEU, ch. XXV, v. 31 46.)

(2) Les Esprits, une fois réhabilités, reprennent le rang que la chute leur avait fait perdre. — Il est dit dans le *Ramayana*, poème sacré de l'Inde : « Ceux qu'une malédiction avait précipités du ciel sur la face de la terre, ayant reconquis leur ancienne pureté, remontèrent dans les *palais éthérés*, au monde des héros *qui ne retournent pas dans le cercle des transmigrations.* » — La même doctrine est exposée dans le *Mahabharata*, autre poème sacré des brahmanes.

lui faudra toujours les épreuves pour arriver aux différents degrés supérieurs, car il faut toujours faire acte de mérite. Le premier et le deuxième ciels laissent encore une place aux incarnations terrestres. Le troisième ciel est le séjour des êtres qui ne s'incarnent plus. Au quatrième, on fusionne et l'on franchit l'épreuve qui amène aux étages supérieurs. Le troisième ciel a déjà, comme transition, des colonies où le fusionnement commence à titre d'exception.

« Le mariage ou union simple des Esprits n'a rien qui puisse rivaliser avec les effets du fusionnement; mais, si l'on songe à l'isolement et au malaise de l'Etre spirituel dans les vies terrestres, c'est un progrès immense, car c'est sa reconstitution normale, son intégralité complète. Mais ce n'est qu'un bonheur simple, c'est-à-dire ne vibrant que sur un seul son. Or, tout bonheur, comme tout sentiment, pour être harmonique, doit vibrer sur plusieurs cordes. C'est à cela que se reconnaît le progrès vers la perfection : cause simple; effets multiples. »

Cette description de l'union et de la fusion spirituelles est des plus admirables; et, en prenant l'art

musical pour terme de comparaison, on sent mathé-
matiquement combien cette théorie des « *Vies mystérieuses* » est vraie.

En musique, il y a deux modes fondamentaux : le
majeur et le *mineur*, se complétant l'un par l'autre, et formant, *ensemble* ou *séparément,* la mélodie : union simple; puis l'harmonie : union multiple,
qui n'est, en définitive, que la réunion de mélodies
fusionnées. Chose étonnante ! le mineur est *tiré du
majeur*. Or celui-ci, quoique le principal, puisqu'il
est le seul produit par la résonnance du corps sonore,
est incapable, sans son alliance avec le mineur, tiré
de lui, de produire tous les effets, et *vice versa*.
C'est l'union des deux modes qui fait la beauté et la
perfection de l'art musical, et, chose plus étonnante
encore, si la mélodie, union simple, est la base de
l'harmonie, celle-ci, union multiple, la complète et la
précise !

Au moral, ce raisonnement est d'une application
rigoureuse. L'homme, ou Esprit masculin, possède
la force et la puissance représentées par le mode
majeur ; la femme, ou Esprit féminin, *tirée de lui,*
selon la Genèse, contient la tendresse et la sensibilité représentées par le mode mineur. Incomplets
isolément, ils se recherchent et s'attirent, et les

deux réunis ne font qu'un, c'est-à-dire font un tout complet : c'est la mélodie ou union simple. Mais cette union, quoique sublime en elle-même, finirait par engendrer la monotonie, aussi la fusion : union multiple des couples, vient-elle la compléter en engendrant la solidarité ou harmonie universelle des êtres. — Encore une fois, tout cela est admirable!

Il est dit également, dans la communication précédente, que l'Esprit complet, dans sa voie normale, appartient aux heureuses catégories, qui, par leur sagesse, *ont su échapper à la domination matérielle.*

Ceci nous ramène finalement au grand problème de la chute originelle *et du fruit défendu.* Il n'est pas nécessaire de nous étendre longuement sur ce sujet. On a dû le comprendre : la vie heureuse de l'Esprit consiste dans les jouissances célestes; dans les régions éthérées, tous les amours sont spiritualisés. Mais les Esprits, libres dans leur évolution, et voulant expérimenter par eux-mêmes, en dépit des conseils de leurs guides, se sont laissés choir *vers les jouissances d'en bas.* L'union matérielle les a attirés; l'adultère même s'est glissé comme un *serpent,* et est venu séparer ce que Dieu avait uni. De là la chute et l'incarnation dans les mondes en rapport avec leurs convoitises, incarnation motivée souvent aussi par orgueil et égoïsme (1).

(1) Voir dans les *Evangiles* de ROUSTAING, la chute par orgueil (vol. I, p. 193). — L'égoïsme et l'orgueil sont dans le cœur de l'homme, parce que les hommes sont des Esprits qui ont suivi, *dès le principe*, la route du mal, *et qui ont été exilés sur la terre en punition de ces mêmes vices.* (ALLAN KARDEC, *Le Spiritisme à sa plus simple expression.*) — Voyez aussi les *Vies mystérieuses*; l'*Evangile éternel*, de VINTRAS; la *Clef de la vie*, de MICHEL DE FIGANIÈRES; les *Dogmes de l'Église du Christ*, de APOLLON DE BOLTINN; *Spirite et Chrétien*, de A. BELLEMARE; la *Cosmogonie des fluides*, de Mᵐᵉ BOURDIN, etc.

Tous les livres médianimiques présentent, *dans un sens ou dans un autre*, l'incarnation humaine dans les mondes *matériels* comme une *déchéance*. Malgré cela, bon nombre de spirites, se basant sur l'évolution physiologique des êtres, en tirent — à tort — une doctrine tout opposée, et prétendent servir le spiritisme en préconisant la théorie darwinienne. Quelques-uns ont même été jusqu'à invoquer l'autorité d'Allan Kardec en faveur de leur thèse. Or, bien que cela ne signifie rien, disons cependant qu'Allan Kardec, qui admettait le transformisme quant aux *races*, ce qui est une vérité, le repoussait pour les *espèces*. Selon lui, le corps de l'homme est *le dernier anneau de l'animalité*, en ce sens que l'espèce humaine a été formée la dernière et par le même mode que les autres, c'est-à-dire par *création spéciale*, et non par *transformation directe*. — « Chaque espèce animale, dit-il, est-elle sortie d'un premier couple ou de plusieurs? Cette dernière supposition est la plus probable : *on peut même dire qu'elle ressort de l'observation*. En effet, l'étude des couches géolo-

Et si l'on objectait que les Esprits, connaissant d'avance les conséquences de leurs actes, ne peuvent s'exposer à de pareils malheurs, on pourrait répondre ceci : Pourquoi, lorsque sur nos mondes matériels où la coupe de la vie, bien que plus amère que là-haut, est servie dans des conditions normales pour

giques atteste la présence, dans les terrains de même formation, et cela dans des proportions énormes, de la même espèce sur les points les plus éloignés du globe. Cette multiplication si générale, et en quelque sorte contemporaine, *eût été impossible avec un type primitif unique.* D'un autre côté, la vie d'un individu, surtout d'un individu naissant, est soumise à tant d'éventualités, que toute une création aurait pu être compromise *sans la pluralité des types.* D'ailleurs, si un type a pu se former sur un point, il peut s'en être formé sur plusieurs points par la même cause. Tout concourt donc à prouver qu'il y a eu CRÉATION simultanée et *multiple* des premiers couples de *chaque espèce* animale et végétale. » *Genèse*, ch. X. — Si, plus loin, Allan Kardec ajoute que « pour peu qu'on observe l'échelle des êtres vivants au point de vue de l'organisme, on reconnaît que, depuis le lichen jusqu'à l'arbre, et depuis le zoophyte jusqu'à l'homme, il y a une chaîne s'élevant par degrés sans solution de continuité, et dont tous les anneaux ont un point de contact avec l'anneau précédent; et qu'en suivant pas à pas la série des êtres, on dirait que chaque espèce est un perfectionnement, une *transformation* de l'espèce immédiatement inférieure », c'est, comme il le dit, pour bien établir que, « puisque le corps de l'homme est dans des conditions identiques aux autres corps, chimiquement et constitutionnellement, qu'il naît, vit et meurt de la même manière, *il doit s'être formé dans les*

notre nature, y a-t-il des êtres qui se ravalent et se
dégradent, en inventant des plaisirs odieux et contre
nature, au risque de voir leur santé s'écrouler; et
pourquoi aussi a-t-il été nécessaire de fulminer des
anathèmes contre les abominations stigmatisées aux
chapitres XVIII et XX du LÉVITIQUE?... Du reste,
nous avons la preuve de toutes ces horreurs dans les
faits d'*Incubes* et de *Succubes*, faits renouvelés
encore de nos jours, à la honte du « *Spiritualism* »,
dans certains centres assez grossiers pour attirer
de pareils Esprits!

Voilà le fruit défendu aux habitants de l'Ether,
et dont un petit nombre seulement sait se garder, et
telle est la chute sous son aspect le plus général (1).

mêmes conditions, quoi qu'il puisse coûter à notre orgueil. »
C'est la théorie si admirablement développée dans les *Evangiles* de Roustaing.

   Allan Kardec n'était donc pas darwiniste, et l'eût-il été,
que son opinion, *pas plus que celle de qui que ce soit,* ne
saurait contrebalancer le *Livre des Esprits* qui donne, comme
la Bible, une doctrine diamétralement opposée à celle de
Darwin.

   (1) Le sentiment de pudeur, pour ne pas dire de honte, qui
s'attache en général à l'*œuvre de chair,* indique assez ce
que l'on doit en penser moralement; et il y a longtemps que
la conscience publique a fait justice du culte du *Phallus,* en
honneur chez certains peuples de l'antiquité, qualifié d'obscène
chez les nations modernes.

« Ainsi qu'une ville immense et peuplée, dit Henri Blaze, l'espace a ses myriades d'habitants ; les âmes, innombrables comme les étoiles, sont ses hôtes éternels. Parmi ces âmes, il y en a qui tombent et se laissent enfermer dans des corps périssables ; ce sont celles qui flottent dans le voisinage de la terre et que les séductions de ia chair attirent. Après un certain temps révolu, elles se séparent de leur corps et remontent vers leur première patrie. Mais souvent le séjour qu'elles ont fait dans le monde a éveillé en elles les désirs impies et le goût des habitudes terrestres, de sorte qu'elles ne tardent pas à retomber (1). Les autres, au contraire, pé-

(1) Dans la *Bhagavad-Gîta*, livre sacré de l'Inde, et qui, selon Burnouf, contient l'essence même de la philosophie brahmanique, l'amour sensuel est signalé par Krishna comme l'ennemi suprême. — A cette question posée par son disciple Arjuna : « O pasteur, par quoi l'homme est-il induit dans le péché, sans qu'il le veuille, et comme poussé par une force étrangère », le bienheureux Krishna répond :

« C'est l'amour, c'est la passion, née des Ténèbres ; elle est dévorante, pleine de péché ; sache qu'elle est une ennemie ici bas.

« Comme la fumée couvre la flamme, et la rouille le miroir, comme la matrice enveloppe le fœtus, ainsi cette fureur couvre le monde.

« Eternelle ennemie du sage, elle obscurcit la science. Telle qu'une flamme insatiable, elle change de forme à son gré.

nétrées du néant de l'existence, et n'ayant jamais vu dans leur corps qu'une prison et qu'un tombeau, le

« Les sens, l'esprit, la raison, sont appelés son domaine. Par les sens, elle obscurcit la connaissance et trouble la raison de l'homme.

« C'est pourquoi, excellent fils de Bharâta, enchaîne tes sens, dès le principe, et détruis cette pécheresse qui ôte la connaissance et le jugement.

« Les sens, dit-on, sont puissants ; l'esprit est plus fort que les sens ; la raison est plus forte que l'esprit. Mais ce qui est plus fort que la raison, c'est elle.

« Sachant donc qu'elle est la plus forte, affermis-toi en toi-même, et tue un ennemi aux formes changeantes, à l'abord difficile ! »

Bhagavad-Gîta, 3ᵉ lecture. (Traduction de Emile Burnouf.)

La légende de Krishna, célèbre dans l'Inde brahmanique, a eu deux phases très distinctes. La première, décrite dans le *Mahabharata*, poème épique dont la *Bhagavad-Gîta* est tirée, remonte à une époque antérieure au *Rig-Véda* qui, dans quelques hymnes, nomme incidemment ce personnage, c'est-à-dire au delà du XIVᵉ siècle avant notre ère : c'est la phase mythique et philosophique ; la seconde, renfermée dans les *Pouranas*, recueils de légendes, écrits et remaniés par les brahmanes de la décadence, n'a pas plus de mille ans d'existence : c'est la phase superstitieuse et idolâtrique.

Autant le Krishna de la *Bhagavad-Gîta* est empreint de grandeur et de sévère austérité, autant celui des *Pouranas* tient du comique et touche au grotesque. On devine aisément, en lisant ces livres, le but poursuivi par leurs auteurs : préserver les nations hindoues des empiètements du christianisme, en s'appropriant et en *indianisant* l'histoire du Christ — apportée dans l'Inde, dès les premiers siècles de notre ère,

quittent sans regret, remontent d'un vol léger dans
l'éther, et vivent éternellement sur les hauteurs bien-

par de hardis missionnaires — et, en même temps, faire
opposition au bouddhisme.

« Outre les mahométans, dit M. de Jancigny, dans son
Histoire de l'Inde, trois autres espèces de religionnaires
avaient trouvé asile dans l'Inde du sud, et y avaient formé
des établissements dès les temps les plus reculés : ce sont
les guèbres, les juifs et les chrétiens, connus sous le nom de
chrétiens de saint Thomas, chrétiens syriaques ou *souryanis*.
L'histoire de ces derniers remonte très certainement aux premiers siècles de notre ère, et offre des détails d'un haut
intérêt. Ils ont vécu sur la côte de Coromandel et sur celle
de Malabar, protégés en général par les princes hindous,
persécutés quelquefois par les brahmanes, et plus tard par les
Portugais, qui les considéraient comme schismatiques nesto-
riens et les traitaient comme tels, mais ignorés des premiers
souverains mahométans de l'Inde. Les juifs, qui étaient venus
chercher un refuge dans cette partie de l'Orient, avaient
obtenu, vers la fin du v⁰ siècle, l'autorisation du roi hindou
de Kranganor (Malabar) de s'établir sous sa protection, eux,
leurs femmes *et leurs lévites*, avec garantie de leur propre
juridiction patriarcale et des privilèges pour leurs chefs. Ces
chrétiens et ces juifs, ajoute M. de Jancigny, dont l'autorité
est incontestable, formaient des colonies assez nombreuses. »

C'est ainsi que les brahmanes eurent connaissance des hauts
faits de l'ancien et du nouveau Testament, qu'ils s'empres-
sèrent d'adapter à la forme hindoue, en les revêtant de la couleur mythologique locale. Une preuve indéniable de ceci se
trouve dans le Koran, écrit deux ou trois siècles avant le
plus ancien *Pourana*, et où les faits bibliques et évangéliques
semblent travestis comme à plaisir. Ce n'est pas que Mahomet
puisse en cela être accusé de mauvaise foi. Non ; comme le

heureuses. Au-dessus de ces âmes, il y en a d'autres,
toujours plus pures, glorieuses, inspirées du souffle

remarque justement M. de Gobineau, Mahomet n'a eu connaissance des événements bibliques et évangéliques que par
ce qu'en racontaient, le plus souvent à faux, comme dans
l'Inde, les populations qui l'entouraient. Nous ajoutons, nous,
spirites, que la haute inspiration du Koran étant évidente,
ces faits, présentés de la sorte par Mahomet, avaient l'avan-
tage de ne pas trop heurter les croyances de ceux à qui il
s'adressait. Ainsi en a agi le Christ avec ses contemporains.

Le brahmanisme, qui, depuis plusieurs siècles déjà, luttait
contre la réforme bouddhique, trouva dans l'histoire du
Christ un nouvel aliment à servir à la foi populaire qui bais-
sait de plus en plus. Mais il fallait lui imprimer un cachet
national. La chose était facile. Etant donné la similitude des
noms, le Christ, métamorphosé à la façon brahmanique, fut
identifié avec le Krishna védique, déjà transformé dans le
Mahabharata, et devint avec Rama, le héros du Ramayana,
l'idole qu'on opposa au bouddhisme triomphant. Telle est
l'origine du culte de Krishna, qui réussit à s'implanter dans
les masses populaires, à la suite des persécutions successives
que le bouddhisme essuya de la part du brahmanisme; c'est
ce culte que quelques écrivains facétieux ont prétendu avoir
servi de modèle à la légende du Christ, tandis que c'est
absolument le contraire qui eut lieu.

Mais, en dehors de ces écrivains plus plaisants que mé-
chants, il en est d'autres dont la mauvaise foi est manifeste,
et dont l'unique but, s'ils le pouvaient, est d'anéantir le
christianisme. Ceux-là ne craignent pas, pour satisfaire leurs
rancunes, de mentir à l'histoire, en faisant remonter le culte
de Krishna et de Rama à plus de 3,000 ans avant Jésus-
Christ, afin de rajeunir la Bible. Ils savent bien que cela est
faux, puisque l'Inde n'a pas de chronologie historique, si ce

divin. *Celles-là n'ont jamais ressenti* la moindre ardeur pour les choses de la terre; aussi forment-

n'est celle des Rois de Kachemire, *écrite au xiie siècle de notre ère* et ne remontant pas plus haut que le **xxve** siècle avant J.-C — au delà duquel tout est ténèbres dans l'histoire générale — et que ce n'est que par des calculs astronomiques et certains points de repères historiques que les indianistes les plus autorisés sont arrivés à établir l'âge des *Védas*, des *Lois de Manou*, du *Mahabharata*, du *Ramayana* et des *Pouranas*.

Le *Rig-Véda*, le seul *Véda* vraiment original, puisqu'il a servi de modèle au *Sama*, au *Yadjour* et à l'*Atharra*, qui, tous trois, sont déjà brahmaniques, remonte, comme rédaction, au xive siècle avant Jésus-Christ; il est l'expression du culte patriarcal des populations primitives de l'Inde dont il forme l'unique témoignage; en cela, il est du plus haut intérêt. Les Lois de Manou ont été rédigées vers le viie siècle avant notre ère; ce code, qui ne reconnaît comme authentiques, à titre d'Ecriture sainte, que les trois premiers *Védas* seulement, est l'expression de la puissance brahmanique à son apogée; à ce point de vue, il n'est pas moins intéressant que le *Rig-Véda*.

Les poëmes sacrés, le *Ramayana* et le *Mahabharata* paraissent également antiques, soit par les événements qu'ils célèbrent, soit par l'époque de leur composition, qui, cependant, est bien postérieure à Homère, lequel a dû leur servir de modèle, comme le prouvent différentes scènes, entre autres celle où Priam, du haut des remparts de Troie, se fait donner par Hélène des explications sur les héros grecs. Cette scène, qui dans l'*Iliade* a sa raison d'être par son côté naturel et humain, a été transportée d'une façon grotesque et invraisemblable dans le *Ramayana*, où l'on voit Ravana, le prince des démons, se faisant renseigner, du haut de son palais

elles la milice du Tout-Puissant, et sont, pour ainsi parler, les oreilles du Grand-Roi, car elles voient tout, entendent tout. — « Les philosophes

magique, sur la valeur et les exploits antérieurs des singes qui viennent l'assiéger pour reprendre Sita! On peut en dire autant du chapitre qui contient le dénombrement des différentes troupes de singes et de leurs chefs!... En vérité, on se croirait en pleine *Batrachomyomachie!* Il en est de même pour le *Mahabharata*, où se rencontrent des réminiscences de l'*Odyssée*, telle que la fameuse « descente aux enfers », ou bien encore la « scène de l'arc » d'Ulysse.

Au surplus, ce qui montre avec la dernière évidence que ces poèmes hindous sont relativement modernes, et que les événements qu'ils racontent sont bien loin de l'époque védique, c'est qu'ils sont écrits tout à la louange des brahmanes, dont l'influence et le pouvoir étaient cependant encore inconnus dans ces temps primitifs, ainsi qu'en témoigne le *Rig-Véda*. Et si, d'autre part, Rama et Krishna sont contemporains des temps védiques les plus reculés, les poètes ont commis un grossier anachronisme en faisant intervenir à cette époque la caste brahmanique, qui n'existait pas encore virtuellement, anachronisme qui nous prouve que leurs œuvres ont été composées pour aider à la consolidation de la puissance brahmanique ébranlée par le bouddhisme, ainsi que l'indiquent sans détours certains passages. Le *Ramayana* et le *Mahabharata* seraient donc des productions néo-brahmaniques; du reste, comme que ce soit qu'on les envisage, les nombreuses interpolations qu'ils renferment en diminuent singulièrement l'authenticité. On peut en dire autant de la Chronique des Rois de Kachemire.

Quant aux *Pouranas*, nous l'avons dit, ils représentent l'époque de la décadence, et ont été écrits pour le peuple à

les appellent *Démons*, et l'Ecriture, *Archanges*.
Or, ce nom leur convient mieux, car elles portent les ordres du Père à ses enfants, et trans-
mettent au Père les prières de ceux-ci. Elles
vont et viennent incessamment, et leur éternité
s'écoule en des divagations continuelles. Non certes
que Dieu ait besoin de messagers qui lui rapportent
ce qui se fait dans ce monde, mais parce que nous
avons besoin d'intermédiaires et de verbes concilia-
teurs entre lui et nous, trop faibles que nous

qui la lecture des *Védas* est interdite. La légende de Krishna,
placée là avec force développements pour faire opposition au
christianisme et surtout au bouddhisme qui, lui-même, plus
tard, a voulu imiter le christianisme en donnant une naissance « miraculeuse » à son fondateur, n'a donc aucune valeur
pour la critique spirite. Il en est de même des scènes bibliques arrangées à la façon hindoue dans les livres soi-disant
canoniques qui les donnent, et dont on sait l'origine, mais
que ne contiennent ni le *Rig-Véda*, ni les *Lois de Manou*, les
deux seuls vrais livres sacrés de l'Inde, aux deux grandes
époques de son histoire : les autres, tels que *Védanta, Vé-
dangas, Angas, Oupanichads, Soutras, Pouranas*, étant vis-
à-vis des précédents ce que sont en regard de la Bible et de
l'Evangile les écrits plus ou moins exacts des théologiens
juifs ou chrétiens. — Disons, pour terminer, que le rôle
civilisateur que l'on a prêté à l'Inde vis-à-vis des autres
nations est une hypothèse absolument dénuée de fondement.
Voir, à ce sujet, le grand ouvrage du docteur Gustave Le Bon :
Les Civilisations de l'Inde, paru récemment, et résultant de
la mission dont le gouvernement français l'avait chargé.

sommes pour contempler en face le Maître de
l'univers » (1).

(1) Henri Blaze, *Essai sur Gœthe,* en tête de sa traduction
de *Faust.* — Voyez aussi Ballanche, *La Vision d'Hébal;* —
Alfred de Vigny, *Eloa;* — Lamartine, *La Chute d'un Ange,*
première vision ; — Victor Hugo, *Les Contemplations,*
liv. VI, ch. xxvi. — Chez les anciens, Cicéron, *Le Songe
de Scipion;* — Hermès Trismegiste, *La Vierge du Monde.*
— Dans les livres juifs d'Hénoch et du Zohar, identité de
doctrine avec celle de Pythagore et de Socrate, ces grands
précurseurs de l'idée spirite dans l'antiquité, et dont l'illustre
Origène, chez les chrétiens, a été l'ardent propagateur. —
Lire encore, dans la *Théogonie* d'Hésiode, *La Lutte des
Titans;* dans Eschyle, *Prométhée enchaîné ;* et parmi les
vieux livres de l'Inde, *Le Shasta* : ces trois derniers ont spécialement pour objet la révolte contre le maître de l'univers.
— En résumé, la chute originelle, chez tous les peuples, est
partout représentée par ces deux mots : Orgueil et Sen-
sualité.

M. Louis Humbert, dans son étude sur Eschyle, dit, en
parlant du drame de *Prométhée,* « qu'il est impossible de ne
pas y voir l'image de cette grande chute de l'humanité, de
cette dégradation originelle *dont toute l'histoire n'est que le
développement continu.* » — La chute originelle, en effet, est
bien une tradition universelle, et de quelque manière qu'on
l'envisage, elle se présente, toute révélation à part, *comme
la seule hypothèse pouvant expliquer la présence du mal
dans le cœur de l'homme.* Certaines personnes envisageant
la chose au point de vue spirite, ne peuvent comprendre que
des Esprits qui, au début, sont doués des mêmes facultés et
des mêmes aptitudes puissent, les uns se maintenir sans
faillir, pendant que d'autres succombent. Cette difficulté
tombe d'elle-même si l'on se rend bien compte de ce qu'est le

Voilà ce que disait déjà, en 1840, l'éminent tra-
ducteur de *Faust*, et ce qui, selon lui, ressort du
chef-d'œuvre de Gœthe. Ce poème, en effet, n'est-
il pas l'expression de la convoitise insatiable ? —
convoitise insensée qui fut cause de la perte de tous
ceux qui, comme nous, habitent par déchéance les
mondes matériels.

Eh bien ! puisque nous sommes ici-bas pour nous
relever, nous réhabiliter, rendons le mariage terrestre digne, en tous points, de son origine céleste,
c'est-à-dire faisons-y régner l'amour des âmes,
l'union des cœurs, seul moyen d'en éloigner l'adultère
moral ou physique.

Quoique sur la terre les âmes soient, la plupart
du temps, *dépareillées* par suite de la rupture originelle (1), le précepte : *Que l'homme ne sépare*

libre arbitre. Du reste, si l'on n'admet pas cette possibilité de
ne pas faillir, il faudrait dire que tous les Esprits, sans exception, ont commis les mêmes crimes; bien plus, comme il y a
sur terre des monstres d'iniquités, la conclusion serait que tous
les êtres *ont été des monstres !* On ne peut sortir de ce
dilemme, car si l'on admet des degrés, la difficulté qu'on veut
éviter reparait immédiatement. Tout le problème réside donc
dans l'usage du libre arbitre. Dieu, dit le *Livre des Esprits*
(634), laisse le choix de la route ; tant pis pour ceux qui prennent la mauvaise : *leur pèlerinage sera plus long.*

(1) L'antipathie entre époux n'est pas toujours une preuve

pas ce que Dieu a uni, atteint et oblige quand
même les époux — en sous-ordre. Les Esprits, en
s'incarnant, choisissent ou acceptent leurs épreuves
qui consisteront en une série de faits plus ou moins
pénibles, propres à redresser leurs tendances mauvaises et capables de les faire progresser pour le
Ciel. En général, le mariage avec tel ou telle,
comme l'impossibilité d'union avec celui-ci ou celle-
là — de même que le célibat par épreuve ou par
mission — font partie de ces conventions spirites (1).
C'est donc, pour ainsi dire, Dieu qui unit les
conjoints, et qui reçoit la promesse que font les
futurs époux de tenir leurs engagements. Incarnés,
ils se doivent l'un à l'autre les mêmes égards que
les Esprits, toutes proportions de milieu et de

de leur *dépareillement;* elle peut provenir de défauts con-
tractés antérieurement à leur réunion ici-bas, lesquels sont
souvent la pierre d'achoppement de leur conjonction spirituelle. Les mauvais Esprits, du reste, là, comme ailleurs, ne
manquent pas d'exploiter la situation; mais là, *plus qu'ailleurs,* nous devons dire à Dieu : *Et ne nos inducas in tenta-
tionem.*

(1) Le célibat par épreuve est la part de beaucoup de
femmes sur la terre. — Les statistiques établissent, qu'en
Europe seulement, il y a près de *cinq millions* de femmes
de plus que d'hommes, ce qui explique les nombreuses asso-
ciations religieuses de femmes.

nature gardées. Il y a entre le mariage terrestre et le mariage céleste le même rapport que l'on observe ici-bas entre le mariage de personnes libres et celui contracté, en sous-ordre, par des forçats. Ceux-ci, en s'unissant entre eux, ont, vis-à-vis de leur nouveau conjoint, les mêmes obligations qu'ils avaient envers celui dont ils ont été séparés, toute question de travaux pénitentiaires à part. Le même rapport existe également entre les personnes remariées, soit après veuvage, soit après divorce, car partout le mariage a la même valeur et l'adultère les mêmes conséquences.

« Les Mariages sur les terres, dit Swedenborg, étant les pépinières du genre humain, et aussi les pépinières des Anges du Ciel, car le Ciel vient du Genre humain ; et en outre les Mariages provenant d'une origine spirituelle, et le Divin du Seigneur influant principalement dans l'amour conjugal, il en résulte qu'aux yeux des Anges du Ciel ils sont très saints ; et, à l'inverse, les adultères, étant contraires à l'amour conjugal, sont considérés par les Anges comme profanes ; car, de même que dans les Mariages les Anges considèrent le mariage du bien et du vrai, qui est le Ciel, de même dans les adultères ils considèrent le mariage du faux et du mal, qui est l'Enfer : c'est pourquoi, dès qu'ils entendent seulement prononcer le mot d'adultère, ils se détournent : c'est pourquoi aussi, quand l'homme commet par plaisir un adultère, le Ciel lui est fermé.

« Que tous ceux qui sont dans l'Enfer (1) soient contre l'amour conjugal, c'est ce qu'il m'a été donné de percevoir d'après la sphère qui s'en exhalait, et qui était comme un perpétuel effort pour dissoudre et violer les mariages : d'après cette sphère, j'ai pu me convaincre que le plaisir qui règne dans l'Enfer est le plaisir de l'adultère, et que le plaisir de l'adultère est aussi le plaisir de détruire la conjonction du bien est du vrai, conjonction qui fait le Ciel : de là résulte que le plaisir de l'adultère est le plaisir infernal diamétralement opposé au plaisir du mariage, qui est le plaisir céleste.

« Il m'a été montré comment les plaisirs de l'amour conjugal s'avancent vers le Ciel, et ceux de l'adultère, vers l'Enfer : la progression des plaisirs de l'amour coujugal vers le Ciel consistait

---

(1). Par « Enfer » il faut entendre les lieux inférieurs, et par « Ciel » les régions lumineuses. Voyez *Livre des Esprits*, 1012-1017.

en béatitudes et en félicités continuellement plus nombreuses jusqu'à devenir innombrables et ineffables, et d'autant plus que la progression était plus intérieure, au point qu'elles atteignaient les béatitudes et les félicités même du Ciel intime ou Ciel de l'innocence, et cela par la plus grande liberté ; car toute liberté provient de l'amour, par conséquent la plus grande liberté provient de l'amour conjugal, qui est l'amour céleste même. Mais la progression de l'adultère se dirigeait vers l'Enfer, et par degrés jusqu'à l'Enfer le plus profond, où il n'y a que cruauté et horreur : tel est le sort qui attend les Adultères après leur vie dans le monde. »

Cherchant maintenant un remède à l'adultère, qui est la pierre d'achoppement de l'union conjugale, disons un mot du divorce terrestre, entendu et expliqué au point de vue spirite. C'est à l'un de nos meilleurs ouvrages médianimiques (1) que nous devons nous adresser pour traiter cette délicate question, comme toutes celles, du reste, qui touchent à la morale pratique :

(1) J.-B. Roustaing : *Les quatre Evangiles expliqués.*

« Jésus, en disant : que l'homme ne sépare pas ce que Dieu a uni, servait le présent d'alors et préparait l'avenir ; l'accomplissement de ces paroles ne devait et ne doit être que la conséquence et le fruit de l'épuration morale de votre humanité ; elles sont encore pour vous des paroles d'avenir. Les forces de la civilisation et du progrès vous ont préparés à cette œuvre d'épuration morale ; et le progrès s'est fait péniblement, lentement, mais il s'est fait, et les temps approchent, bien qu'ils soient éloignés encore, où l'homme n'aura plus à séparer ce que Dieu a uni (1).

« Chaque révélation, vous le savez, appropriée toujours à l'état des intelligences et aux besoins de l'époque, a pour objet et pour résultat de servir le présent et de préparer l'avenir. Moïse connaissait, par intuition et par révélations médianimiques, l'origine mystérieuse de l'âme. Inspiré et guidé par les Esprits supérieurs, il a révélé, sous voile, ce qu'il savait de l'origine humaine. Faisant sortir

(1) Ceci aura lieu, sur la terre, lorsque, par le progrès *moral* et *physique*, elle sera devenue *globe fluidique*, habitée alors par les Esprits *en voie normale d'ascension*, c'est-à-dire *infaillis* ou *réhabilités*. C'est cette transformation, prédite par le Christ, qu'on appelle vulgairement « *la fin du monde* ».

l'homme et la femme des mains du Créateur, il donnait une importance plus grande et à l'œuvre et à sa chute, il relevait l'homme et la femme à leurs propres yeux, leur donnait le désir du bien, la conscience de ce qu'ils pouvaient être.

« En rappelant les paroles emblématiques de la Genèse, et en ajoutant : « Et ainsi ils ne seront plus deux, mais une seule chair », Jésus montre aux hommes le caractère d'indivisibilité et de solidarité qui, selon la loi divine, doit présider à l'union de l'homme et de la femme pour accomplir, en commun, unis de corps et d'âme, avec tous les devoirs que cette union amène, le pèlerinage de la terre. L'enseignement de Jésus, au sujet du divorce, était d'empêcher les hommes de multiplier, par la lettre de divorce, le nombre de femmes rejetées sous les moindres prétextes, car ce n'est pas en vain que Moïse a dit, bien que figurément, que Dieu fit au commencement un homme et une femme, comme bases de l'humanité.

« L'homme ne doit point s'assimiler à la brute en regardant la femme comme un moyen. Il doit comprendre que, Esprit créé comme lui par le Seigneur, Esprit égal en toutes choses (1), il doit supporter,

(1) La différence de *nature* en tant que « sexe spirituel »

avec lui, les peines et les joies de la vie humaine.
Si la femme est plus faible dans sa constitution
physique et nécessite une sorte de protection de la
part de l'homme, c'est qu'il doit y avoir toujours,
dans l'humanité, le but de charité ou de soutien du
fort pour le faible.

« Si l'homme est souvent porté à rejeter la compagne qu'il a choisie, ne vous en prenez pas aux lois
de la nature mais aux lois humaines, à votre civilisation qui fait de l'union de l'homme et de la femme
un marché conclu et non le rapprochement de deux
Esprits sympathiques, heureux de passer ensemble
les épreuves de l'humanité (1). Remarquez que le
mariage, parmi vous, perd tout le caractère sacré
qu'il doit avoir et n'est plus, pour la plupart, que
l'exécution d'un traité de commerce dont les deux
parties sont plus ou moins scrupuleuses à remplir les
obligations.

« La loi divine n'est pas seulement matérielle,
elle est aussi morale. Le mariage, sous le point de

n'exclut pas l'égalité absolue ; ce sont deux *puissances* destinées à se compléter l'une par l'autre, tout simplement.

(1) Tous ces mariages d'aventure et de hasard n'en obligent
pas moins, pendant leur durée, les époux à la foi conjugale,
car pour Dieu il n'y a pas de « hasard ».

vue de la nature humaine, n'est que l'union de deux corps qui doivent reproduire ; que donc ils ne s'adonnent pas à la débauche, qu'ils ne se souillent pas, qu'ils subissent les lois animales de leur nature, et la justice du Seigneur ne les atteint pas. Mais à côté de la loi divine, qui, dans l'ordre matériel, a institué l'union libre des sexes pour l'accomplissement de la loi de reproduction dans tous les règnes de la nature, il y a la loi divine dans l'ordre moral, la loi d'amour que vous voyez fonctionner et se développer, selon la loi immuable du progrès, dans tous les règnes. Vous voyez, dans le règne animal, la loi d'amour, s'affirmant d'abord, sous la forme de la promiscuité, puis, dans certaines espèces, manifestant les signes précurseurs de l'union intime des corps et des âmes, et ainsi de l'accomplissement de ces paroles emblématiques de la Genèse, relativement à l'homme et à la femme : *et ils seront deux dans une même chair.*

« Christ, en disant de ne pas séparer ce que Dieu a uni, a coupé court à l'abus du siècle où il est descendu sur votre terre et a mis une entrave à la corruption des siècles à venir : mais il n'a pas condamné deux Esprits antipathiques à se fourvoyer l'un l'autre. Selon la loi divine, vous ne devez pas con-

traindre physiquement deux Esprits antipathiques à
se coudoyer journellement ; mais il ne faut pas prendre cette faculté pour prétexte à inconduite (1).

« Jésus a dit : Ne séparez pas ce que Dieu a uni ;
mais il n'a pas dit : Forcez à vivre ensemble ceux
qui ne peuvent se rapprocher sans s'exciter mutuellement à commettre des fautes en transgressant la
loi de charité. — Le divorce ne peut exister et
n'existe devant le Seigneur que lorsqu'un des Esprits,
antipathique à l'autre, le pousse au mal par ses exemples ou par ses paroles, car il y a alors *adultère*
dans l'ordre moral.

« Le corps de l'homme et de la femme n'est rien
aux yeux du Seigneur, en ce sens que *Dieu a fait
l'homme et la femme au point de vue de l'Esprit
et non du corps,* qui n'est que l'instrument, pour
l'Esprit, de ses épreuves terrestres dans la voie de
la réparation et du progrès ; c'est donc leur Esprit
que l'homme et la femme doivent préserver de souil-
lures (2). L'homme, ou la femme, adultère ne porte-

---

(1) La foi conjugale spirite ne connaît que deux termes : le
divorce ou la mort. Les circonstances atténuantes, *là comme
partout,* sont à nos risques et périls vis-à-vis de notre avenir
spirituel.

(2) On trouve dans les anciens philosophes, et surtout dans
Platon et Sénèque, d'excellents conseils sur ce sujet. Le spi-

t-il pas l'Esprit qui lui est uni à commettre la même faute, qu'il soit adultère, c'est-à-dire violateur de la loi de Dieu, par le corps, en se livrant aux abus de la chair, ou par l'Esprit, en manquant à la loi de justice, d'amour et de charité, par ses exemples ou par ses paroles ? Ne vaut-il pas mieux séparer les branches de l'arbre que de lui laisser porter de mauvais fruits ?

« Il en est des législations humaines, des lois civiles qui ont suivi la mission de Jésus sur votre terre, comme de celles que Moïse donna au peuple hébreu. Changeantes de leur nature, comme tout ce qui émane, dans l'ordre moral et intellectuel, de votre humanité essentiellement perfectible, elles varient, suivant les temps, les lieux et les progrès des intelligences ; elles ont pour mission d'empêcher, de réprimer, de redresser les abus, et de vous faire avancer. Cette œuvre progressive s'accomplit, malgré les oscillations ou les résistances réactionnaires, sous l'influence et les auspices des révélations successives, par l'impulsion occulte ou patente, con-

ritisme n'a pas la prétention d'avoir inventé la morale, mais il la précise en nous faisant remonter au principe des choses, et en nous donnant une idée plus nette de nos devoirs, *par la connaissance qu'il apporte de la loi primordiale.*

sciente ou inconsciente exercée par les Esprits du
Seigneur, Providence de Dieu parmi vous, et par les
Esprits incarnés en mission.

« Les lois civiles sur le divorce et le mariage,
sorties de votre rénovation sociale de 1789, *qui a
été une des plus glorieuses étapes de votre humanité dans la voie du progrès*, se sont succédé
jusqu'à vos jours; elles ont subi ces variations toujours dues à cette lutte incessante entre les influences progressistes et les influences réactionnaires,
mais la loi du progrès est immuable, comme tout ce
qui vient de Dieu.

« La loi sur le mariage a besoin d'être méditée
profondément et reconstruite sur la loi naturelle
devant Dieu; mais il faut pour cela que les passions
et la cupidité de l'homme aient fait place à des sentiments plus élevés; il faut que l'homme comprenne
tout ce que cette union a de saint et de grand
devant le Seigneur; il faut qu'il comprenne les
devoirs immenses qu'il doit remplir quand il accepte
la responsabilité du mariage, devoirs sacrés auxquels il ne lui est pas permis de faillir, et que Dieu
protège de son amour, car c'est la consécration des
lois de la nature.

« Hommes, redevenez donc ce que vous devriez

être : *enfants du Seigneur*, et ses bénédictions descendront sur vous, *et l'homme n'aura plus à séparer ce que Dieu a uni*. Le mariage doit être et sera, comme conséquence et fruit de votre épuration morale, sous l'influence spirite, un choix libre, accepté librement devant Dieu, et se maintenant librement, jusqu'à la mort de l'une des parties ; un accord, un appui mutuels que rien ne peut dissoudre ; un concours dans les épreuves et la ferme volonté de les continuer, alors qu'il a été interrompu sur terre, dans l'erraticité et dans cette vie, qui pour vous est future, où, comme l'a dit Jésus, il n'y a point de « mari » et de « femme » ; car l'union contractée sur terre est un lien puissant qui réunit, dans l'éternité, ceux qui l'ont formé par une sympathie que rien ne peut altérer » (1).

Cette proscription suprême du divorce se rapporte à l'époque bénie où les Esprits, réhabilités, « *seront*

(1) Ceux qui s'aiment dans le sein de Dieu savent bien que ce Dieu qui a créé l'être double *réunira un jour ses deux parties dans une même unité immortelle et divine.* Car le but de la vie des mondes, *c'est de fonder l'amour infini dans l'espace par l'active et sainte médiation de deux êtres immatériels indissolublement liés l'un à l'autre.* (René CAILLIÉ, *Dieu et la Création*, 4ᵉ fascicule.)

réunis pour toujours dans le sein de l'éternel amour. »

Alors, comme dans *Sigurd*, cette magnifique épopée lyrique, ce splendide épithalame dont un barde de génie, Ernest Reyer, vient de doter la France, l'art musical et le haut spiritualisme, tous répéteront à l'envi ce chant divin :

> « Oublions les maux soufferts,
> « Pour nous les cieux sont ouverts,
> « Que nos âmes confondues
> « Dans leur ivresse perdues
> « Chantent l'hymne solennel
> « De leur amour éternel.

CINQUIÈME PARTIE

Toutes les instructions médianimiques qu'on vient de lire sont tirées d'ouvrages publiés par ordre des Esprits; mais il ne faudrait pas en conclure qu'en dehors des « œuvres officielles », il n'y ait pas de grandes et belles choses. Tous les groupes spirites possèdent nombre de communications plus ou moins relevées ; cependant toutes ne sont pas recommandables au même titre, parce que tous les groupes, on le sait, ne sont pas également inspirés, *les Esprits tenant compte du degré d'avancement intellectuel de ceux qui les écoutent*. Il est certain que beaucoup de vérités, présentées dans tels ou tels groupes, sont passées sous silence, *ou même combat-*

tues dans d'autres (1). Cela est conforme au plan général adopté par les Révélateurs, et qui consiste à ne donner, à l'exemple du Christ, *que ce que chacun peut porter*, le salut spirituel n'étant pas engagé dans la question, car la devise du spiritisme n'est pas : Hors la *vérité* point de salut, mais : *Hors la charité* point de salut (2). Voilà pourquoi il est dit au *Livre des Esprits*, à propos de l'état physique et moral des différents mondes : *Nous, Esprits*, nous ne pouvons répondre que suivant le degré dans lequel vous êtes, *c'est-à-dire que nous ne devons pas révéler ces choses à tous, parce que tous ne sont pas en état de les comprendre, et cela les troublerait. (Livre des Esprits* (182).

Tel est le mode d'enseignement adopté par les

---

(1) Témoin la *réincarnation*, niée en Amérique et préconisée en Europe.

(2) Le « salut » consiste à être délivré des incarnations matérielles. — L'orthodoxie, cette névrose religieuse, source de toutes les persécutions, ne saurait exister avec le spiritisme, qui est la plus pure expression de la libre pensée, car même ses trois points fondamentaux : *la pluralité des existences de l'âme, la pluralité des mondes habités, le progrès indéfini des êtres*, peuvent s'interpréter selon les aspirations de chacun. La pratique de la charité *est la seule orthodoxie exigée*, et Dieu n'en demande pas d'autre, *car elle renferme toute la loi et les prophètes.* (MATT. XXII, 40.)

Esprits, et contre lequel on protesterait en vain (1).

(1) Ce mode d'enseignement ayant paru peu *scientifique*, quelques personnes ont imaginé de créer une école nouvelle qui, sous le nom d' « Immortalisme » ne tiendrait compte que du *phénomène* spirite, *dans la démonstration de la survivance de l'âme*. Prenant à tâche la conversion des matérialistes, s'appuyant d'ailleurs sur les expériences psychiques des Crookes, Zœllner et autres savants, les « Immortalistes » repoussent tout ce qui touche à la partie théologique ou philosophique du spiritisme, qu'ils disent remplie de contradictions et qui pour eux est hypothétique, pour ne laisser subsister que la partie expérimentale. Atteindront-ils leur but? On peut en douter. En effet, sans les *révélations doctrinales* des Esprits, que nous apprendrait leur existence, même scientifiquement démontrée? Rien, sinon qu'il y a, en dehors de l'humanité, des *êtres* d'une nature différente de la nôtre, et pouvant, dans certaines conditions, entrer en relations avec nous. Mais cela établirait-il que ces êtres sont les âmes *de ceux qui ont quitté la terre?* Nullement. Scientifiquement parlant, la preuve de l'immortalité ne peut se faire que si l'on obtient le moyen de voir l'âme s'échapper du corps. Aussi, soit dit en passant, les matérialistes ont-ils dû rire en lisant le livre de Louis Figuier, intitulé: *Le lendemain de la mort,* SELON LA SCIENCE!!! L'Immortalisme scientifique est donc une illusion qui, pour vouloir trop prouver, ne prouve rien. — Oui le spiritisme aurait, comme doctrine, plus de raison d'être *sans les Esprits,* que leurs manifestations *sans la doctrine qui en découle,* car même en supposant la science capable de prouver que ce sont bien *les âmes des morts* qui se communiquent, il resterait toujours à démontrer *ce que ces âmes deviennent dans la suite des temps.* Or, comme la science ne peut pas plus démontrer la pluralité des existences de l'âme que prouver l'existence éternelle de Dieu, il est

Mais, ainsi que l'a dit Allan Kardec (Genèse, ch. I),
«si l'initiative de la révélation spirite appartient aux

naturel que nous nous adressions aux Esprits pour connaître
notre avenir spirituel. Et voilà comment nous entrons peu à
peu dans la partie théologique, c'est-à-dire celle qui traite du
passé et de l'avenir de l'âme, des peines et des récompenses
futures, etc., et comment aussi la porte s'ouvre à toutes les
spéculations métaphysiques, plus ou moins exactes, selon
l'élévation de ceux qui les font. Ne nous insurgeons donc pas
contre le mode d'enseignement des Esprits, nous n'avons
rien à y gagner. Les « Immortalistes », en voulant être
agréables à la science, prennent à rebours l'évolution du spiritisme, puisque la partie philosophique découle de la partie
expérimentale ; les suivre, ce serait retourner de quarante ans
en arrière, et nous placer sous la domination de la
science après avoir échappé à celle de la foi ; or, le spiritisme
étant d'ordre divin, ne relève que de lui-même.

Du reste, ne nous le dissimulons pas, la science officielle,
aussi bien en France qu'en Allemagne, est essentiellement
matérialiste, et professe un profond mépris pour tout ce qui
touche au spiritualisme en général et au spiritisme en particulier. Et si jamais cette science-là arrivait à s'implanter dans les masses — et elle en prend le chemin
— nous verrions bientôt le savant surpasser le théologien
en infaillibilité et en intolérance. N'a-t-on pas entendu en
France de pseudo-savants, pleins d'eux-mêmes, révoquer
en doute la compétence de William Crookes et suspecter les
affirmations de l'incomparable chimiste anglais au sujet de
l'apparition Katie-King ! Quant à l'illustre astronome Zœllner,
on sait la vengeance que les Académies d'Allemagne ont tiré
de son adhésion au spiritisme, en refusant d'accompagner sa
dépouille mortelle ! Et tout récemment encore, ne s'est-il pas
trouvé des docteurs qui, après avoir enfin daigné reconnaître

Esprits, *son élaboration est le fait de l'homme »*; aussi est-il bon, de temps en temps, de synthétiser leur enseignement, afin que la lumière luise pour tous.

Dans cet ordre d'idées, nous donnons, pour continuer notre étude, quatre communications tirées de groupes différents, et transmises, à divers médiums et à diverses dates, par différents Esprits. Elles élucideront encore notre sujet, en le présentant sous de nouveaux aspects. Voici la première ; elle traite de l'attraction des Esprits :

« De quelle nature, dites-vous, sont les liens du périsprit à l'Esprit, et de l'Esprit à la matière ?

les phénomènes magnétiques et spirites, n'ont pas craint d'engager les Tribunaux à sévir contre ceux qui essayeraient de les produire sans autorisation ! . . .

Les Esprits nous ont toujours dit que l'ère des persécutions n'était pas close, et que le spiritisme aussi aurait ses jours néfastes. Or, de quel côté pourrait bien venir la persécution? De la puissance ecclésiastique? Non, son règne est passé : la libre pensée l'a anéantie. D'où, alors? Eh bien, nous ne craignons par de le dire : si le spiritisme doit être persécuté, il ne le sera que par le matérialisme. La science athée, comme toute tyrannie, aura son heure de triomphe, n'en doutons pas ; or, le spiritisme étant son ennemi direct, c'est sur lui que tomberont ses colères Dieu veuille que nous soyions mauvais prophète. *Caveant consules !*

« Mes frères, dans l'univers entier, il n'est qu'une force; quelque nom qu'on lui donne, cette force s'appelle Dieu, s'appelle Amour!

« Emanation de l'Amour éternel, l'Eprit créé aime, car il n'existe que par cette puissance même! Il cherche à agrandir, à attirer à lui les fluides au moyen desquels il peut communiquer avec d'autres êtres, et donner corps à ses pensées. Voilà le lien, je l'appelle nécessité de relation, de communication, conséquence de sa propre nature. Et ce lien se modifiera suivant que l'Esprit grandira, que ses relations seront plus élevées, que son travail d'affection sera mieux compris, que sa puissance d'amour se développera.

« Maintenant, quel est le lien attachant l'Esprit à la matière ?

« Le même, mes enfants, le même hélas!... Lorsque, pauvres enfants, vous avez demandé à l'Eternel une part plus large (1); lorsque, orgueilleux, vous avez voulu goûter l'arbre de vie ou plutôt l'arbre de mort; lorsque vous demandâtes le contact de la matière qui, selon vous, fait plus

_____

(1) Voyez la parabole de l'Enfant prodigue : Ev. de Luc, ch. xv.

sentir, de la matière, qui, croyez-vous, donne plus
à l'âme, votre appel fut entendu : le périsprit s'a-
lourdit, il subit le contact et vous attacha !

« Intelligence, vous vouliez être déifiés ; vous
trouviez mauvaises les œuvres de vos frères plus
avancés; vous avez demandé la direction, et cette
direction vous a été donnée. Oui, libres vous étiez
hier, aujourd'hui la force est enchaînée au cadavre !
La matière vous donne des sensations en échange
de votre volonté ; vous créez, vous aimez ; mais
vous subissez !

« Donc, nous résumant, nous dirons : Lien fluidique, formant le périsprit, est le produit et la conséquence de l'attraction de l'Esprit voulant se mettre
en contact avec d'autres ; lien fluidique, liant le périsprit au corps, est le produit, la conséquence de
l'attraction de l'Esprit vers la matière ; c'est un degré inférieur, car l'incarnation humaine est toujours au moins le sacrifice d'une volonté. Ne consi-
dérez la vie sur la terre que comme cela. Croyez
qu'il faut être pourvu d'un immense courage pour
demander l'incarnation sur un monde matériel lorsqu'on peut s'en passer. Ce sont les martyrs, ceux-
là, les martyrs volontaires que ces missionnaires
qui, pour vous éclairer, quittent les Cieux ; il en est

peu qui demandent un nouveau contact avec la
boue, comme sur terre, il est peu, bien peu de ri-
ches, de libres, d'heureux, qui demandent la pau-
vreté, les fers, le malheur (1).

« Eh bien! puisque aujourd'hui vous êtes à même
de comprendre, puisque vous sentez ce que doit être
le lendemain, que vos liens se détendent ! que vos
efforts soient faits pour que la matière perde ses
attractions sensuelles !... Vous comprenez le néant
des plaisirs que vous promet cette *boue* pernicieuse;
Esprits incarnés, rentrez en vous-mêmes, *cherchez
la vie plus haut*. Petit à petit, dégagez vos fluides;
apprenez à alléger ce manteau qui vous suivra au
delà du tombeau (2), et les liens distendus laisse-
ront à l'Esprit prendre son essor, et l'âme, dégagée,
pourra, dans quelques heures, aux pieds du Très
Haut, remercier, aimer ; pourra, ayant payé, reven-
diquer la liberté ! »

« UN ESPRIT PROTECTEUR. »

(1) Le *Livre des Esprits* dit qu'on nous visite *comme nous
allons voir un prisonnier sous les verrous* (313).
(2) C'est au *périsprit* qu'il est fait allusion ici. On sait, en
spiritisme, quelle influence pernicieuse les passions exercent
sur lui.

La communication qu'on va lire est de l'auteur de
« *Jocelyn* »; elle nous fait connaître le but que les
Esprits supérieurs se sont proposé en inspirant notre
grand poëte spiritualiste.

« Laurence ! Jocelyn ! Amour ! Eternité ! Oui
Laurence et Jocelyn, voilà les deux héros de mon
poëme, poëme basé sur l'amour inné de l'homme
pour la femme, de la femme pour l'homme.

« Amour, grande et noble chose *que l'homme
charnel ne sait pas assez comprendre*! Eternité,
oui, éternel devrait être cet amour entre eux, entre
le *fils* et la *fille* de Dieu ; éternel il est en effet, *car
il est basé sur des fondements impérissables* (1).

« J'ai voulu, en chantant Jocelyn et Laurence,
montrer la nécessité de l'amour dans le cœur de
l'homme. Une chose me révoltait sur la terre : le
désir audacieux de ceux qui avaient, par des lois
iniques et innaturelles, voulu éteindre dans le cœur
de l'homme le feu sacré de l'amour. Ne dénuez
donc pas ce cœur de tout amour, car l'amour est la
vie de l'homme sur la terre ; sans amour, il n'est
plus, c'est fini pour lui, c'est fini !

(1) Nous savons maintenant de quels fondements il s'agit.

« Mes amis, mes enfants, croyez-en le poète inspiré par l'Esprit, il faut que le cœur se dilate dans
les embrassements d'un autre cœur ; et c'est cette
dilatation, c'est cet amour que l'Eglise voudrait
empêcher, interdire dans l'âme du prêtre. Abolition
de la première loi de l'humanité, voilà le but qu'a
poursuivi l'Eglise pendant plusieurs siècles , but
qu'elle a fini par atteindre à force d'audace et de
foudres lancées ! Oui, mes enfants, la voix de Dieu
s'est fait entendre quelquefois sur la terre, mais
cette voix, sûrement, ce n'était pas elle qui parlait
lorsque l'Eglise a proclamé le célibat sacerdotal.

« Mes amis, mes enfants, voilà ce que j'ai voulu
attaquer en créant *Jocelyn*, ou plutôt en écrivant
sous l'inspiration de mon génie, génie fécondé et
enrichi par des Esprits supérieurs qui voulaient bien
me souffler les pensées. Voilà ce que veut dire *Jocelyn* ; c'est ce qui fait que vous pleurez parfois en le
lisant, parce que vous sentez que mes vers sont
l'expression de la nature et de l'Amour, l'Amour,
l'Amour !

« LAMARTINE. »

Notre troisième communication roule exclusivement sur le mariage. C'est une suite de conseils

pratiques, très pratiques même, sur les obligations et
les devoirs qu'il impose, donnés par un éminent Esprit
qui, sur la terre, appartenait à un ordre religieux.

« Bien bons frères, ce que Dieu a uni, que l'homme
ne le sépare pas. Cette parole de vos Livres saints est
une loi inviolable qui renferme en elle l'explication
de tous les mystères contenus dans le mot mariage.

« Le mariage est dans la nature des choses
créées. Au commencement, Dieu créa tout, homme et
femme, mâle et femelle, et vous voyez cette organisation éclater dans les créatures intelligentes et rai-
sonnables d'abord, dans les créatures vivantes végé-
tales, dans les fleurs, par exemple, comme dans celles
de l'ordre animal. De cette loi des sexes imprimée
dès l'origine à tout être vivant, nous devons conclure une chose : *le mariage est une loi de nature.*
En effet, vous n'avez qu'à suivre l'homme, l'enfant
dans son développement progressif : l'enfance des
garçons, pour me servir de ce terme, s'accommode
volontiers et se réjouit de la présence de l'enfance
des jeunes filles ; vous voyez cette joie briller dans
leurs yeux. Vous n'avez qu'à suivre l'enfant devenu
jeune adolescent, arrivant à l'âge de puberté, puis
l'homme pubère dans ses développements ultérieurs

jusqu'à la parfaite virilité, et vous verrez agir toujours intérieurement la loi des sexes, la loi qui
ordonne le rapprochement des sexes.

« Dans ma dernière existence, je tonnais contre
le mariage, et, en cela, j'étais dans l'enseignement
de l'Eglise, je suivais les traces de ses plus illustres
docteurs. Insensé que j'étais! Je faisais tout pour
étouffer la puissante voix de la nature, et, à cause de
quelques désordres, de quelques abus partiels, je
tonnais contre l'œuvre générale. Maintenant que je
suis revenu de mon erreur, je me permets de vous
dire ce que je crois être la vérité. Croyez que jamais
la nature n'est impunément foulée aux pieds. La
preuve s'en trouve immédiatement dans la vie de
ceux qui ont renoncé au mariage, qui ont embrassé
volontairement le célibat pour s'adonner plus particulièrement au soin des âmes. Sûrement cette idée
est grande et belle ; c'est un noble dessein que de
vouloir s'élever au-dessus de soi-même, au dessus des
instincts et des propensions les plus ardentes de la
nature ; cette élévation, dis-je, est-elle possible à
des êtres matériels? Mais je vous dirai sans hésita-
tion que c'est présomption et folie que d'oser espérer
atteindre à un pareil but..... Oh ! alors, si les hommes avaient le pouvoir de dominer ainsi leur maté-

rialité, s'ils pouvaient élever ainsi leur âme, *ils n'appartiendraient pas à la terre, ils seraient dignes de ces mondes splendides où l'Esprit domine entièrement le corps éthérisé et subtilisé.* Non, ils ne seraient pas à leur place ici-bas. Et cependant vous êtes actuellement *dans un monde d'expiation* ; la matérialité vous est inhérente, et vous ne pouvez pas vous en débarrasser entièrement (1). Croyez-moi, bien bons frères, le mariage,

---

(1) Le progrès ascensionnel des mondes est un des points fondamentaux du spiritisme. La terre, dit le *Livre des Esprits* (185), subira une transformation qui, de monde matériel la fera passer peu à peu à l'état supérieur de monde fluidique et de paradis terrestre. — Les *Evangiles* de Roustaing, si féconds en instructions de tout genre, donnent, à propos de l'incarnation fluidique du Christ, d'intéressants détails sur cette transformation et sur l'évolution physiologique des êtres. « La nature du corps que Jésus a revêtu sur la terre, est-il dit, *n'a été qu'un spécimen hâtif de l'organisme humain,* tel qu'il sera un jour et dans plusieurs siècles, sur certains centres de votre planète, pour l'incarnation d'Esprits parvenus alors à un degré suffisant d'élévation. Que la science véritable, c'est-à-dire sans parti pris d'immobilité, observe dans le passé et au fur et à mesure dans l'avenir, et elle découvrira les précurseurs matériels de ces organisations qui paraissent, en ce moment encore, impossibles. L'homme (nous entendons ici l'espèce et non le sexe, sans quoi nous désignerions spécialement et principalement la femme comme étant d'une organisation plus avancée) l'homme, disons-nous, se modifiant au point de vue physiologique, la matière devenant plus faible,

guidé par les lois immuables, établies de Dieu même,
est une nécessité naturelle et sociale, car il n'est pas
bon à l'homme d'être seul, a dit la Genèse.

le système nerveux devenant plus développé, l'intelligence plus
précoce et dépassant souvent les forces physiques (ce qui
vous fait dire vulgairement que la lame use le fourreau),
enfin l'esprit dominant la matière, la chair devenant moindre
à mesure que le système nerveux se développe, la force vitale
animale remplacée, dans beaucoup d'organismes, par la force
spirito nerveuse: voilà les symptômes qui sont les signes pré-
ventifs appelés à vous prévenir du changement qui doit s'opé-
rer en vous. — Le système s'épurera peu à peu ; le sang épais
qui circule dans vos veines se mélangera, de plus en plus, de
fluide vital remplaçant les molécules corruptives : le système
nerveux se développera, envahissant sur la couverture charnue,
jusqu'au moment où cette dernière, réduite à l'état de simple
écorce, finira par disparaître entièrement pour faire place à
une enveloppe fluidique tangible, mais dissoluble sans souffrance, sans secousse. Les nerfs, arrivés à ce point de développement, seront eux-mêmes ce que sont les fils légers qui
retiennent suspendus dans l'air les insectes microscopiques
qui filent à l'automne et dont les filaments légers sont appelés
du nom poétique de fils de la vierge. Leur nature changera
peu à peu, aussi envahis de plus en plus par le fluide vital-
nerveux ; ils s'assoupliront tout en diminuant de volume : leur
impressionnabilité s'augmentera en raison de la diminution de
leur volume, et, s'harmonisant avec l'enveloppe qui les recou-
vre, finira par constituer un ensemble tel que ce que nous
nommons pour le faire comprendre : un périsprit tangible, ou
corps de certaines planètes élevées. Tel est l'organisme de
l'Esprit, arrivé au point où il est revêtu de l'enveloppe que
revêtit Jésus. Dans cette incarnation ou incorporation, l'ab-

« Assurément, il y a des mesures à garder en pratique dans l'usage du mariage, et d'abord dans son établissement. La nature vous en avertit à l'époque

sorption s'opère par les pores aussi bien que par l'aspiration ; l'être entier se nourrit des substances subtiles qui l'enveloppent, le pénètrent et fournissent à son entretien. — Peu à peu encore vous en viendrez là : vous étudierez d'abord des sujets, *phénoménaux à votre point de vue*, se contentant d'une si faible partie de nourriture qu'il paraîtra impossible qu'ils puissent exister ; *d'autres que l'eau seulement ou quelque autre liquide insipide soutiendra* : d'autres enfin qui, contre toute règle ordinaire, n'auront besoin d'aucune alimentation. Ces phénomènes, d'abord incomplets, revêtiront l'aspect d'une maladie. *La science humaine s'acharnera après eux, étudiera, expérimentera, et se retirera sans avoir le mot de l'énigme.* Puis les cas se multiplieront ; on finira par admettre que *certains jeux* de nature peuvent vivre en dehors des lois organiques reçues ; puis enfin il faudra reconnaître que les exceptions envahissent au point de former règle. Dans l'humanité ordinaire, cet état, qui pour vous est un phénomène, ne peut point durer. Certains cas maladifs, quant à présent, peuvent seuls en offrir des exemples qui sont de ces premiers essais de la nature précédant toujours les crises de transformation générale. Les cas qui se sont présentés sont, eu égard à votre position atmosphérique et à vos organes, des cas maladifs, ou considérés comme tels, parce que, en dehors des règles admises et nécessaires pour les fonctions du corps, *les sujets qui s'essayent à cette existence n'ont point les éléments complets pour y parvenir et que l'alimentation par l'air ambiant est encore insuffisante à la grossièreté de l'organisme* qui s'épuise, dans un temps donné, par les efforts qu'il faut pour l'absorption et l'assimilation de ces fluides.

de puberté par des sensations intraduisibles, et vous
savez instinctivement ce que réclame l'ardeur exubé-
rante de votre corps matériel. Oui, le mariage est
une nécessité naturelle ; par lui vous obéissez à la
grande loi : *Croissez et multipliez*, grande loi,
établie la première de toutes les lois sociales. Le
mariage est une nécessité sociale : concevez-vous
ce que deviendrait la réunion des hommes sans le
concours des femmes ? Votre époque tend à s'affran-
chir des lois du célibat religieux. Célibat ! célibat !
le monde s'en affranchira bientôt, car tôt ou tard, la
nature oubliée fait entendre sa voix, et est entendue !

« Le mariage étant une loi de nature, vous comprenez facilement dès lors que toutes les lois humaines

Rien n'est caprice ni hasard dans l'œuvre de progrès et de
transformation. Les Esprits qui s'incarnent ainsi, et sont des
sujets phénoménaux à votre point de vue, sont des Esprits plus
ou moins élevés *qui ont pour mission de servir de points de
repère à la science*, d'éveiller l'attention sur certaines questions, et de fournir les matériaux nécessaires aux constructions à venir. » (J.-B. ROUSTAING, vol. I, p. 247 et suiv.)
Ce qu'il y a de particulièrement remarquable ici, c'est l'an-
nonce, faite il y a vingt-cinq ans, de cas d'abstinence prolon-
gée, ou même d'absence totale de nourriture chez certains
sujets, tels que Tanner, Succi et Merlatti viennent de nous en
donner des exemples. — On ne saurait être meilleur prophète.

établies à son endroit reposent sur ce principe : la
facilité du mariage, l'assurance du repos du mariage.
On a établi des lois tendant à empêcher cette union
des sexes que l'Eglise appelle vulgairement concubinage. Ce concubinage, dont le nom seul fait une
pénible impression sur vous, est cependant un vrai
mariage toutes les fois qu'il est perpétuel et établi
entre un seul homme et une seule femme, dans l'intention de garder précieusement et d'élever avec
soin les enfants qui en pourraient naître. Ceux qui
vivent ainsi sont mariés véritablement devant Dieu,
puisque leur union est conforme à la loi établie par
le Souverain Ordonnateur de toutes choses. Le concubinage n'est condamnable qu'autant qu'il ne remplit
pas parfaitement les conditions du vrai mariage. La
société des hommes impose des devoirs, et ses lois
sont obligatoires pour ceux qui prétendent prendre
part aux bienfaits qui découlent de cette réunion, de
cette association. Le mariage civil est donc nécessaire aux yeux de la société, et l'on doit faire tout ce
qu'on peut pour ne pas déroger en ceci aux usages
acceptés de tous (1).

(1) Le mariage civil est de première nécessité dans un pays
civilisé ; et l'exemple donné récemment par M. Elisée Reclus,
mariant patriarcalement lui-même ses filles, ne peut être suivi

« Le mariage étant une loi de nature, doit avoir son libre exercice partout où se trouvent, où peuvent se trouver ses deux éléments constitutifs. Or, ces deux éléments étant l'homme et la femme, partout où l'homme et la femme se rencontrent, ils peuvent se réunir par un mariage légitime. La question de parenté n'est que secondaire, car la loi qui interdit le mariage entre parents rapprochés est une pure loi de société, mais nullement la loi de Dieu (1). Les deux sexes réunis, voilà le mariage, mais réunis dans un but d'amour, de secours mutuel, d'éducation des enfants à naître, c'est là le vrai et légitime mariage pour la reproduction de l'espèce.

« Et maintenant, dans quelle limite doit s'arrêter cette reproduction ? Quand faut-il donner des bornes à cet instinct fougueux et irrésistible qui pousse l'homme à se créer un semblable ? Je vous dirai simplement que la loi primitive est celle-ci : *Croissez et multipliez-vous, et remplissez la terre.*

dès que l'on prétend bénéficier des bienfaits de la civilisation. Quant au mariage religieux, ce n'est qu'une affaire de déférence ou de conviction.

(1) Voyez la loi mosaïque : LÉVITIQUE, ch. XVIII, v. 7-17. — Mais il a été fait des amendements à cette loi, soit par l'Eglise, soit par l'Etat.

L'homme ne doit jamais arrêter, étouffer l'instinct, le désir inné de la paternité pour satisfaire aux misérables vues d'un égoïsme mesquin (1). Vous le savez, bien bons frères, il est sur la terre des hommes qui, par une opération abominable que je ne veux pas même nommer, neutralisent les effets du mariage pour obéir à leur égoïsme. Ils craignent, disent-ils, de ne pouvoir nourrir et élever les enfants que Dieu leur enverrait. Aussi ont-ils bien soin de rejeter toute la peine et de prendre toute la volupté. Ils refusent honteusement et lâchement la vie qu'ils ont reçue pour eux-mêmes et pour d'autres. Je n'ai pas de nom pour les flétrir. On oublie en tout ceci une question de vie ou de mort. La vie refusée, alors que l'homme est dans toute la plénitude de ses forces viriles, est quelquefois accordée plus tard lorsque ces mêmes forces sont épuisées, et il en résulte une génération d'enfants malingres, chétifs, faibles, souffreteux, malheureux héritiers des vices et des difformités de leur père et de leur mère.

« Donc, la loi de reproduction est obligatoire, et lorsqu'elle peut avoir son libre exercice dans un mariage béni et consacré de Dieu, elle doit avoir cet

---

(1) C'est la condamnation de la théorie de Malthus.

exercice aux risques et périls des parents. Laissez
donc agir la nature, puisque cette nature, dans le
mariage, est sanctifiée, relevée, ennoblie par son
but. Ne vous préoccupez pas du reste (1).

« Au risque de vous paraître un peu classique, je
vous dirai en finissant ces vers d'un poète :

> « Aux petits des oiseaux il donne leur pâture,
> « Et sa bonté s'étend sur toute la nature. »
>
> « Un Prédicateur. »
> (1870.)

Dans la profonde instruction ci-dessus, il a été
parlé de ces mondes splendides où l'Esprit domine
entièrement le corps éthérisé et subtilisé. La communication que nous donnons, en dernier lieu, va
nous faire la description d'un de ces mondes merveilleux où tout est paix et bonheur. C'est une des
plus belles productions médianimiques que nous con-
naissions en ce genre ; puisse-t-elle imprimer dans le
cœur de tous ceux qui la liront le désir du progrès
intellectuel, moral et physique.

« Contrairement à mes habitudes de paresse,
j'arrive d'un grand voyage que je viens de terminer,

---

(1) On peut lire dans les *Évangiles* de Roustaing des
détails complémentaires sur cette question ; vol. i, p. 8-17 :
Fécondation.

ou à peu près, avec de mes intimes. Je voudrais qu'il me fût possible de vous narrer cela, et surtout vous donner un léger aperçu de la vitesse avec laquelle nous avons transporté notre personne.

« Je vous conseille de venir me vanter vos infernales boîtes à voyager que vous appelez *compartiments*, maisons de tortues justes assez véloces pour servir dignement de carapace à des escargots qui veulent se donner le plaisir de voir du pays. Malgré toute ma bonne volonté et mon indulgence, il ne m'est pas possible d'établir d'autre terme de comparaison que celui d'un train express dans sa plus grande vitesse avec ces bonnes vieilles pataches de nos grands-pères.

« Ah ! quel plaisir de se sentir libre de franchir soi-même des espaces que votre imagination aurait peine à concevoir ; et cependant avoir le bonheur de constater son identité, se dire : C'est bien moi qui suis là tout entier, rien n'est autour de ma personne pour la soutenir, toute ma puissance de locomotion se trouve dans ma volonté. Et le résultat de cette volonté est de m'enlever avec l'aisance d'un ballon, mais avec une vitesse à défier l'électricité elle-même et sans qu'aucun obstacle ne vienne arrêter mon élan... Suivons donc sans crainte le guide qui nous

précède et qui connait la direction que nous devons
prendre pour arriver au but. . . . .
. . . .

« Ah ! Seigneur, que vos domaines sont grands !!!

. . . .

« Mais déjà notre conducteur nous montre un
point brillant dans l'Erèbe ; nous continuons notre
course effrénée avec une nouvelle ardeur, nous laissons à droite et à gauche quelques stations lumineuses qui se détachent, tantôt sur un fond noir,
tantôt sur un fond bleu ou d'autres couleurs dont
vous n'avez aucune idée. Il semble à les voir disparaitre que ce sont ces globes eux-mêmes qui se dérob-
bent à nous. Enfin nos cœurs débordent de plaisir,
et une prière de reconnaissance s'échappe de notre
être si naturellement, qu'il semble plutôt que ce soit
un cri d'admiration qu'une action de grâce !

« Nous voilà dans l'atmosphère de cet astre trois
fois béni. L'Ether qui le baigne nous rafraîchit
comme la source qui coule dans un vallon fortuné et
où le voyageur altéré vient retremper ses forces
défaillantes.

« Mais que vois-je, mon Dieu, est-ce bien moi ?...
Mais, Seigneur, ne vous trompez-vous point ?... Ce
corps lumineux qui est moi-même, et qui m'éblouit

autant qu'il m'est doux de le sentir faire partie de ma personne, est sans doute destiné à vos Esprits supérieurs?... Serait-ce un vol que j'aurais fait malgré moi; je m'éblouis moi-même !...

« Je jette alors un regard sur mes compagnons de voyage, et si je les eusse quitté un instant, il m'eût été impossible de les reconnaître, ils sont tous resplendissants !... Je me sens tout confus d'être aussi beau... J'étais bien sûr de me transformer un peu suivant les mondes que nous devions traverser; mais de là à devenir un soleil, il y avait encore loin (1)! C'est alors que cette parole m'est apparue dans toute sa grandeur : « Et le maître les fera revêtir de robes neuves pour qu'ils puissent figurer digne-ment à sa table (2).

« Nous étions là tous Esprits novices, sauf notre guide qui souriait de contentement à notre admira-tion. Pour moi, j'étais trop porté à m'admirer dans ce costume étincelant pour remarquer les impres-sions que pouvaient ressentir mes amis, et c'est le

(1) Voir la transformation du périsprit, selon les mondes : *Livre des Esprits* (94-137); Roustaing, vol. I., p. 37, 247, etc.; *Vies mystérieuses*, p. 247.

(2) Paraphrase des paroles du *Festin des noces :* Matth., ch. xxii; Luc., ch. xiv.

cœur bondissant d'aise et de plaisir que nous
voyions le globe, objet de notre voyage, sortir de
plus en plus du vague et se dessiner enfin à nos
regards surpris et charmés tout ensemble...

« Plus nous approchions, plus le calme se faisait
sentir ; il semblait que la paix était un fluide qui
non seulement nous enveloppait en entier, mais
venait encore circuler dans le cœur pour tout
imprégner de son parfum si plein de charmes. Il
paraît impossible de quitter un tel lieu, lorsque
notre Dieu veut bien y laisser un libre accès à des
Esprits qui ne peuvent que faire valoir leur bonne
volonté pour principal mérite !...

« Enfin, nous voilà arrivés... Une foule de bons
Esprits se précipitent à notre rencontre. Notre guide
est comblé d'amitiés. Il nous présente alors à ces
Esprits d'élite qui nous reçoivent comme des frères
attendus avec impatience. C'est à qui nous fêtera le
plus. Ils savent que nous ne sommes que des voya-
geurs de passage, et tiennent à nous laisser un souvenir des plus gracieux. Nous sommes confiés à ces
nouveaux amis qui veulent bien nous montrer toutes
les merveilles que nous venons visiter. Pour moi et
mon ami de cœur, nous sommes tombés en partage
à un être si gracieux, si doux, si bon, si aimable,

que je ressens encore aujourd'hui comme une nostalgie de ce charmant séraphin. Ah! qu'une créature pareille a donc de charmes pour vous prendre ainsi le cœur! Oh! mes amis, il me semble que le mien lui est resté dans les mains!...

« Mon Dieu! mon Dieu! ne m'auriez-vous permis de m'absenter de notre pauvre terre (1) que pour me laisser avec ce désir qui me ronge aujourd'hui?... Quand te reverrai-je, Esprit charmant! la poésie qui coule de ton être est encore ce qui me trouble le plus; mon cœur a faim et soif de te revoir! Ah! *si tu étais le prix de mes efforts,* il me semble que je transporterais un monde pour vivre à tes côtés!... entendre la douce musique de tes paroles si pleines de sens, si élevées et cependant empreintes de cette fraîcheur d'élocution qui fait voir que l'Etre qui parle conçoit comme dans un sourire même les graves sujets qu'il aborde!... Oui, oui, Esprit béni, *tu es bien le rêve de mon âme;* tu es l'idéal que mon imagination me représentait, mais qu'il m'était impossible de croire qu'il me serait donné de le voir réalisé d'une manière si complète (2)!...

(1) On sait que les .Esprits non réhabilités appartiennent au globe où ils ont accompli leur dernière épreuve.

(2) Toute cette tirade s'adresse évidemment à un Esprit *du*

« Amis, pardonnez à votre vieil ami ces sentiments où son pauvre cœur déborde, et qui n'a pu
moins faire que d'envoyer comme un bouquet vers
ce charmant Mentor de quelques jours trop tôt écoulés, hélas !... Me voilà revenu avec le regret de
quitter toutes ces richesses ; mais je sens que ce
regret qui me reste sera l'aiguillon qui fera hâter
mes pas dans le chemin de la perfection *pour me
rendre possesseur de ce qu'il m'a été permis de
voir, et me montrer que la palme que je dois
gagner est déjà créée*, qu'il ne dépend que de moi
de m'en rendre digne (1).

« Mon ami — et pourquoi ne le dirais-je pas — mon
ami Gérard de Nerval et moi suivions notre guide
qui nous conduisit d'abord dans un Temple élevé à la
gloire du Grand Architecte de l'univers; c'était la
prière avant le plaisir... Je me demande encore
aujourd'hui où la matière qui constitue les murs
d'un pareil édifice a pu se trouver ! Quel globe

genre *féminin*, et tout porte à croire qu'Alfred de Musset
avait entrevu sur ce monde l'Esprit qui devait être son complément de vie.

(1) Cette « palme » qu'Alfred de Musset *doit gagner*, et
dont il faut *qu'il se rende digne*, montre que l'Esprit entrevu
était de beaucoup en avance sur lui. Voyez la note 1, p. 126.

magnifique, pour pouvoir recéler dans son sein de pareils trésors! Figurez-vous de l'or vert, avec l'éclat d'un feu chatoyant!... Et que penser des artistes qui ont concouru à l'édification d'un Temple si sublime!... Ce Temple, si beau au dehors, est encore surpassé par la richesse des dessins, des incrustations, des festons formés de pierres lumineuses en bleu, orange, etc., qui ressortent admirablement sur le fond vert! La majesté de l'idée qui a consacré ce Temple vous pénètre; on se sent transporté d'amour divin et d'amour fraternel. Mais ce qu'il y a de plus touchant, c'est le concert harmonieux qui essaye de bégayer le langage céleste; l'âme tombe en extase à l'audition des voix pleines d'harmonie, chantant les louanges de notre Père!... Des instruments pleins de douceur murmurent un accompagnement et ne couvrent point le bel instrument que Dieu a créé pour que toute créature le remercie de ses dons. Je mets en fait qu'il est de toute impossibilité de ne point se sentir l'âme remplie d'amour de Dieu dans un concert si mélodieux, si doux, si suave!...

« Gérard de Nerval disait à notre charmant Esprit : « Que l'on est bien ici; nous devrions y dres-« ser trois tentes, et passer l'éternité en contempla-

« tion. » Notre bon génie souriait, et, nous faisant signe, nous franchîmes le mur de feu.

« Le soleil s'était levé, comme vous dites ; l'horizon empourpré éclairait doucement. Le soleil de cet univers ne vient point darder ses rayons brûlants pour dessécher et faire une fournaise. Là tout est doux ; rien ne heurte le regard ; une lumière tempérée, un climat toujours tiède comme un beau soir fait un paradis éternel de ce séjour d'harmonie !... Et nous, habitués à porter nos regards sur les misères de notre pauvre terre, nous cherchions vainement le cachet du malheur !...

« Des jeunes filles idéalisées, sûres d'elles-mêmes et de tous les frères qui les entourent, s'ébattent en liberté comme au sein de la famille la plus unie et la plus chaste. Les ris, les grâces, forment les plus beaux ornements de leur personne ; c'est la grandeur dans sa simplicité ; c'est la femme, enfin, exempte de minauderie, et qui, sûre de la nature si prodigue envers elle, sait qu'elle trouvera l'époux auquel le Seigneur l'a destinée ; elle attend le bonheur, comme nous, hélas ! attendons le malheur !... (1)

(1) Cette ravissante image de la « femme » dans les mondes supérieurs nous montre partout la distinction des « sexes »

« Des jeunes gens plus beaux qu'Antinoüs (1) portent sur leur front le sceau du génie ; chez eux, point de rivalité ; tous sont les bienvenus de chacun : c'est le même cœur qui les fait voler au devant les uns des autres. Ah! pauvre terre, que tu es distancée! Que sont tes sociétés, même décorées du nom de fraternelles, en comparaison de ces sentiments exquis d'urbanité, de ce sourire gracieux heureux de saluer un bon frère dans le premier passant venu, et dont on comble le bonheur en lui demandant un service !...

« Et vous, villes majestueuses, dignes de vos habitants, que vous réalisez bien cette parole : Tel maître, telle maison! Quelle grâce dans votre élégante physionomie, et que l'originalité de vos constructions légères se fait bien valoir les unes par les autres !.. Que vos intérieurs luxueux permettent bien le repos, le calme, le recueillement pour rendre le travail facile et pour enfanter tous les chefs-d'œuvre d'art qui frappent la vue partout où l'esprit

et leur nécessité, soit à l'état d'Esprit, soit à l'état d'incarnation, ou d'incorporation sur les mondes fluidiques, tel que celui-ci en est un exemple.

(1) Antinoüs, le plus ardent des prétendants de Pénélope, et l'un des principaux personnages de l'*Odyssée*.

veut être égayé!... Ah! globe magnifique, tu n'as aucun être nul à nourrir; chacun à l'envi travaille à ton embellissement dans l'espoir que son œuvre fera plaisir à ses concitoyens, à tous ses amis plutôt, et que nous, pauvres terriens, appellerions: *la foule!...* Voilà le prix qu'il ambitionne: augmenter de plus en plus la somme de bonheur dont ses frères et lui jouissent!

« J'étais, de mon vivant parmi vous, un zélé chercheur de tous ces jolis riens du temps de la Renaissance, un chercheur, un fouilleur de ces boutiques que l'on appelle *bric-à-brac;* on y voit parfois de ces morceaux curieux où la patience de l'artiste est inscrite d'une manière frappante. Mais que mon esprit, amateur d'antiquités, était donc servi à souhait! Gérard, mon ami, était dans des transports indescriptibles. Que de richesses où le travail dispute le prix à la matière précieuse; et comme notre guide nous expliquait toutes ces beautés en fin connaisseur!

« Nous menant partout, nous avons visité des demeures où la paix, la concorde et l'amour président; un contentement perpétuel se reflétait toujours sur la face de tous les membres de chaque famille, tous réunis par la même sympathie. J'ai

entendu ces longues causeries du soir dans un langage concis et plein de grandeur, où chaque mot
s'applique juste à la chose... Ah! que de poésie
ces êtres dépensent en une heure; quelle fortune
d'esprit, qui ferait la fortune de vingt libraires
terrestres, éparpillée dans une simple conversation,
où chacun cherche à faire ressortir, non son esprit,
mais l'esprit de son voisin!...

« Mais vous me direz que je vous fais là un conte
des *Mille et une Nuits?*... A Dieu ne plaise que
mon but soit si mesquin! Et si je ne suis parvenu
qu'à ce résultat, c'est que j'ai bien mal exprimé tout
ce que je ressens encore. Vous pouvez lâcher la
bride à votre imagination après ce que vous nommez
les *Mille et une Nuits,* et je ne cesserai de vous
crier : Vous n'y êtes point encore!!!

« Des campagnes magnifiques égayent la vue; le
globe ne cesse de donner des fruits savoureux en
échange d'un travail attrayant (1). Vous dire que la

(1) Lire dans le *Télémaque,* de Fénelon, la description des
« Champs-Élysées », véritable image des mondes supérieurs,
tels que le spiritisme nous les fait connaître. Quant aux souffrances *morales* dont il fait un tableau si frappant dans son
« Enfer », elles sont exactement semblables aux douleurs de
l'erraticité. L'inspiration est évidente.

maladie y est tout à fait inconnue est chose inutile.
La souffrance n'existe que là où elle est néces-
saire pour redresser les Esprits qui ont besoin
de cette lanière ; elle frappe tant qu'elle est
nécessaire, mais après elle devient inutile. Tâchons,
mes amis, qu'il en soit bientôt de même sur notre
pauvre terre; nous verrons alors le règne de la
fraternité arriver comme j'ai eu le bonheur de le
contempler dans mon voyage supra-terrestre... Les
larmes ne sont plus notre lot; mais lorsque nous
avons quitté nos nouveaux amis, sous la conduite de
notre bon Esprit conducteur, il me semblait que je
laissais la moitié de mon âme !...

« Depuis lors, je ne suis plus le même. Moi, si
content de mon sort, libre comme l'air, jouissant de
cette liberté d'action qui vous est inconnue, ayant
des amis dignes de ce nom, je me surprends avec
des noirs dans l'âme; le rire se fige sur mes lèvres,
la parole rieuse s'arrête. J'ai beau vouloir chasser
de moi toute cette poésie entrevue, cet Esprit qui
m'a possédé près de quatre de vos jours comme
suspendu à ses lèvres est toujours là malgré son
absence. Je sens mon pauvre cœur s'élancer vers
une direction toujours la même; comme les oiseaux,
il voudrait émigrer vers des régions meilleures, et

je n'ai pas assez de puissance pour rattraper le fugitif au vol..., c'est un combat de chaque instant. Il ne m'est plus possible de demeurer ainsi; de toute nécessité, une situation trop tendue doit avoir un terme, ou bien quelque chose se brisera, et je ne veux pas que ce soit mon cœur !...

« Commencez-vous à comprendre, mes chers amis; Musset le rieur, l'Esprit tranchant et quelque peu paradoxal n'est plus gai. S'il n'est pas gai, c'est qu'il lui manque quelque chose. J'ai parfois l'envie de maudire ma fureur voyageuse. C'est, je crois, ce Gérard de Nerval qui m'a inoculé sa maladie de déplacement, car, je vous le demande! j'étais bien, même on ne peut mieux, ce me semble, et partant, heureux... Aujourd'hui l'ennui me dévore; je ne trouve plus rien de beau sur votre globe chétif; si cela continue, je vais po uvoir me dire Esprit souffrant! Hélas, oui! n'oubliez pas un pauvre Esprit dans la peine et qui cherche, afin de trouver un état nouveau lui permettant de se rapprocher et d'atteindre le but de ses désirs!

. . . .

« Mon Dieu! mon Dieu! exigerez-vous donc que je me replonge dans la chair! que toutes ces facultés que je ne fais encore que bégayer s'annihilent encore une fois dans ce combat si fatigant avec la matière!

« Ah! mes bien chers amis, la mort vous effraye et vous fait trembler, et moi, *c'est ce que vous nommez la vie qui m'épouvante et me glace!...* La vie terrestre, c'est la mort, et si je m'y résigne jamais, croyez qu'il faut que le prix que j'ai entrevu soit bien grand pour me faire accepter ce redoutable travail!

« Que votre volonté soit faite, ô mon Dieu! j'abandonne mon esprit entre vos mains! A présent, j'existe, et mon cœur se gonfle de sentir la vie déborder de toutes parts; mais vous parlez, Seigneur, et dites que la liberté est à ce prix, je suis prêt à subir tout ce qui sera nécessaire!

. . . .

« C'est écrit, mes amis, bientôt je vais sentir encore comme une calotte de plomb s'appesantir sur ma tête, et une glace va me couvrir pendant de longues années! Vous tous ici avez eu ce courage. Allons, amis, si quelques paroles bienveillantes s'échappent de vos lèvres dans l'intimité de la prière, veuillez, si vous ne m'en trouvez pas indigne, vous remémorer celle que je vous adresse. J'ai besoin, moi aussi, de courage et de force pour

entreprendre une épreuve peut-être redoutable, et
où puiser la force, sinon où elle se trouve, dans la
prière !

« Alfred de MUSSET. »

(1866)

SIXIÈME PARTIE

Après les développements qui précèdent, et qui tous découlent directement ou indirectement du texte même de la Genèse, il est bon, pour couronner notre étude, de mettre ce texte en entier sous nos yeux afin d'en bien déterminer le sens d'abord, et, conséquemment, nous convaincre des rapports immédiats qui existent entre la cosmogonie de Moïse et le spiritisme.

La Bible est certainement le livre qui a été le plus étudié. Admirée par les uns, décriée par les autres, elle est encore, et surtout à l'heure actuelle, grâce aux récentes découvertes archéologiques faites en

Palestine, en Assyrie et en Egypte, le centre où
aboutissent toutes les discussions amenées par les
travaux accomplis dans notre siècle (1) en géologie
et en astronomie, comme en ethnographie et en chronologie.

Jamais livre n'a suscité pareille lutte, car, admi-
rateurs et détracteurs en font une machine de
guerre. On dirait, à voir l'acharnement que l'on y
met de part et d'autre, qu'il s'agit d'une question
de vie ou de mort pour l'humanité.

Tout cela repose, malheureusement, sur autre
chose que sur un simple malentendu, comme on
pourrait le croire.

Parmi ceux qui admirent le plus la Bible, un grand
nombre ne veut sortir de l'interprétation étroite de la
lettre laissée par la tradition, de telle sorte que beaucoup préfèrent fermer les yeux dans la crainte d'être
obligés de reconnaître les résultats acquis par la cri-

(1) Voir les travaux de MM. Lenormant, Oppert, Vigou-
roux, etc. Ce dernier a publié récemment un ouvrage écrit
dans un excellent esprit, et qui, au mérite de l'érudition la
plus profonde, joint celui d'être accessible à toutes les intelligences. Ce savant travail, intitulé : *La Bible et les découvertes modernes en Palestine, en Assyrie et en Egypte*,
réduit à néant toutes les objections faites contre la Bible au
point de vue historique, archéologique et ethnographique.

tique, ne se doutant pas qu'ils servent ainsi le jeu des adversaires de la Révélation, lesquels seraient bien fâchés, précisément, qu'une interprétation quelconque pût faire concorder la Genèse avec la science. Aussi, lorsque ces derniers ont à soutenir leur thèse *anti-révélationniste*, s'arment-ils presque toujours contre la vieille tradition, sachant très bien, malgré quelques protestations qui ne leur sont d'ailleurs pas inconnues, qu'elle est encore debout sur toute la ligne.

Il y a donc, d'une part, absence de logique; de l'autre, manque de bonne foi. Heureusement que Dieu, qui n'abandonne jamais l'homme, son *coopérateur éternel*, comme l'appelle magnifiquement Michel de Figanières, a envoyé au milieu de ce conflit la pure clarté du spiritisme, destinée à dissiper peu à peu les ténèbres accumulées comme à plaisir par l'ignorance ou l'athéisme.

La révélation spirite met en pleine lumière toutes celles qui l'ont précédée, et principalement les deux plus grandes : le judaïsme et le christianisme, dont le spiritisme est la *conséquence directe*, ainsi qu'il a été dit, d'après la loi des enchaînements (1).

_____

(1) De même que dans un pays il y a une ville capitale, de

La Genèse est donc la révélation primordiale ; mais pour en trouver le sens *ésotérique, la science ne suffit pas.* Il faut, pour obtenir ce résultat, mettre en œuvre, *de concert avec elle,* toutes les ressources du spiritisme qui, progressivement, est chargé de faire la lumière sur le problème de nos origines comme sur celui de nos destinées.

C'est dans cet esprit que nous présentons le texte des cinq premiers chapitres de la Genèse, renfermant toute la cosmogonie de Moïse, de la création au déluge ; ce texte est tiré de l'hébreu, des Septante et de la Vulgate, mis en concordance, d'après les données spirites.

même sur un globe il y a une révélation principale. — Le peuple hébreu a été le dépositaire de cette révélation, continuée par le christianisme, et dont le spiritisme est l'épanouissement. — Le peuple hébreu, appelé par métaphore « peuple de Dieu », non à cause de ses vertus — la Bible est là pour témoigner du contraire, — est l'image de l'humanité, de ses faiblesses, de ses révoltes et aussi de ses espérances ; car la sublime figure de la « Terre promise » incarne en elle tout ce qu'il y a de consolant dans la pensée de l'Immortalité !...

CHAPITRE PREMIER

LE MONDE SIDÉRAL. — LES RÈGNES. — LES ESPÈCES

Au commencement (1) Elohim (2) créa (3) les cieux (4) et la terre (5).

Et la terre était sans forme et vide, les ténèbres couvraient la face de l'abîme (6) et l'Esprit d'Elohim planait sur les eaux (7).

Elohim dit : Que la lumière soit ! et la lumière fut (8). Elohim vit que la lumière était bonne, et Elohim sépara la lumière d'avec les ténèbres (9), et Elohim nomma la lumière jour et les ténèbres nuit : et il fut soir et il fut matin : premier jour (10).

Elohim dit : Qu'il y ait un firmament (11) entre les eaux, et qu'il sépare les eaux d'avec les eaux. Et il fut ainsi. Et Elohim fit le firmament, et sépara les eaux qui sont au-dessous de celles qui sont au-dessus (12). Et Elohim nomma le firmament ciel (13). Et il fut soir, et il fut matin : deuxième jour.

Nota. — Les notes explicatives sont placées à la suite de chaque chapitre.

Elohim dit : Que les eaux qui sont sous le ciel soient rassemblées en un lieu et que l'aride (14) apparaisse ! Et il fut ainsi. Et Elohim nomma l'élément aride, Terre, et le rassemblement des eaux, mers. Et Elohim vit que cela était bon.

Et Elohim dit : Que la terre produise la verdure, l'herbe portant semence, l'arbre fruitier portant son fruit suivant son espèce, qui a en lui sa semence sur la terre ! Et il fut ainsi. Et la terre produisit la verdure, l'herbe portant semence suivant son espèce, et l'arbre portant le fruit qui a en lui sa semence suivant son espèce (15). Et Elohim vit que cela était bon.

Et il fut soir, et il fut matin : troisième jour.

Elohim dit : Qu'il y ait dans le firmament du ciel des luminaires (16) qui séparent le jour et la nuit, et qu'ils soient les signes pour marquer les saisons, les jours et les années, et qu'ils soient les luminaires dans le firmament du ciel (17) pour éclairer la terre. Et il fut ainsi.

Et Elohim fit les deux grands luminaires, le plus grand pour présider au jour, le moindre pour présider à la nuit (18). Il fit aussi les étoiles (19).

(Et Elohim les mit (20) dans l'étendue des cieux pour éclairer la terre, et pour présider au jour et à la nuit, et pour séparer la lumière d'avec les ténèbres.) Et Elohim vit que cela était bon.

Et il fut soir, et il fut matin : quatrième jour.

Elohim dit : Que les eaux produisent abondamment des poissons qui aient vie, et que les oiseaux volent sur la terre vers le firmament du ciel. Et il fut ainsi. Et Elohim créa les grands monstres marins (21) et tous les animaux vivants et

rampants dont fourmillent les eaux, suivant leurs espèces, et
aussi tout oiseau ailé selon son espèce. Et Elohim vit que
cela était bon.

Et Elohim les bénit disant : Croissez et multipliez-vous (22)
et remplissez les eaux des mers, et que les oiseaux multiplient
sur la terre !

Et il fut soir, et il fut matin : cinquième jour.

Et Elohim dit : Que la terre produise des êtres vivants,
selon leurs espèces, le bétail, les reptiles et les bêtes sauvages
selon leurs espèces ! Et il fut ainsi. Et Elohim fit les bêtes
sauvages de la terre, selon leurs espèces, le bétail selon son
espèce, et tout reptile de la terre, selon son espèce (23). Et
Elohim vit que cela était bon.

Et Elohim dit : Faisons l'homme (24) à notre image et à
notre ressemblance (25) et qu'il domine sur les poissons de la
mer, sur les oiseaux du ciel, sur les animaux, sur tout reptile
qui rampe, et sur la terre entière !

Et Elohim créa l'homme à son image ; à l'image d'Elohim
il le créa, mâle et femelle (26) il les créa. Et Elohim les bénit
disant : Croissez et multipliez-vous (27), remplissez la terre
(28) et assujettissez-vous-la (29) ; dominez sur les poissons de
la mer, sur les oiseaux du ciel et sur tout être vivant qui se
meut sur la terre !

Et Elohim dit : Voici, je vous donne toute herbe portant
semence qui est sur la surface de toute la terre et tout arbre
qui a son fruit portant semence ; cela sera pour vous la nourriture. A tout animal de la terre, à tout oiseau du ciel et à
tout reptile de la terre ayant en soi un souffle de vie je donne
toute verdure d'herbe pour nourriture. Et il fut ainsi.

Et Elohim vit tout ce qu'il avait fait, et voici, cela était très bon. Et il fut soir, et il fut matin : sixième jour.

(1) Le propre du sublime est d'exprimer, en termes excellents, beaucoup de choses en peu de mots. Homère est le grand modèle en ce genre; mais la Bible l'emporte incontestablement sur lui; le premier chapitre de la Genèse en est à lui seul une preuve.

Au commencement. — Ainsi débute la Bible; et comme Dieu, l'Eternel, n'a pas eu de commencement, c'est donc établir par ce seul mot que la création est éternelle comme son principe.

(2) ELOHIM est un nom figuré, collectif et impersonnel; c'est un pluriel. Il ne s'applique pas à DIEU, mais bien aux « *Dieux* » ou aux « *Esprits.* » — En tout et partout, ce nom désigne les *Puissances célestes supérieures*, comme le Christ, par exemple, « *par qui tout a été fait et sans qui rien n'a été fait.* » (SAINT JEAN, chap. I, v. 3.) — Lorsque la Bible emploie le nominatif Jéhovah (Yaveh), accompagné du nominatif Elohim, elle désigne alors l'action *médiate* de Dieu se manifestant par les causes secondes, les Esprits supérieurs ses ministres directs. — L'intervention *immédiate* de Dieu se montre presque tou-

jours dans la Bible *pour les choses de l'ordre spirituel et moral*, comme pour indiquer leur suprématie sur les choses de l'ordre matériel dont le gouvernement et l'arrangement semblent confiés aux causes secondes, les Elohim ou les Esprits [1]. Dans tous les cas, Jéhovah, c'est l'Eternel, l'Elohim par excellence, le grand Elohim; et quand la Bible le nomme ainsi, elle dit quelquefois El-Elion, El-Schaddhaï, ou simplement El.

(3) Elohim *créa* : le pluriel au singulier pour montrer l'unité de *direction* et d'*action*, comme l'exprime ce vœu formulé dans l'Evangile : « *Que votre volonté soit faite sur la terre comme au ciel !* »

(4) Les *Cieux*. — Le mot hébreu peut se rendre par cieux ou par ciel. C'est le pluriel qu'il faut ici, car le ciel proprement dit, c'est-à-dire la région atmosphérique, ne sera formé que le deuxième jour. —La création des « Cieux » indique donc la succession éternelle des mondes invisibles à nos yeux, se déroulant depuis le *commencement*, c'est-à-dire de

---

[1] Ceci n'implique pas que les Hébreux aient admis la pluralité des dieux, bien que dans leur imagination ils aient souvent confondu l'Eternel avec ces Elohim dont Moïse leur avait révélé l'existence et la puissance.

toute éternité. C'est par ce préambule sublime que Moïse rattache la terre aux autres mondes, selon l'ordre successif des diverses créations dans lequel elle est apparue, car c'est de notre globe spécialement que la Genèse va nous entretenir, comme nous concernant exclusivement.

(5) *Et la terre.* — Pour une autre planète on dirait, par exemple : les Cieux et Jupiter, ou les Cieux et Uranus, etc. Le premier verset de la Genèse est donc équivalent à ceci : *De toute éternité Elohim crée les Cieux et les Mondes.* — Si tout, dans la Bible, est ramené à notre planète, ce n'est pas qu'elle soit seule habitée, mais uniquement parce qu'elle est le théâtre de notre évolution morale.

(6) Toute planète à son début est un amalgame informe, une vaste nébuleuse où tous les éléments sont confondus. La Genèse emploie le mot *tohu-bohu* pour indiquer cet état primitif, que l'on rend généralement par celui d'*abîme* ou de *chaos.*

(7) Les « *eaux* », c'est-à-dire la matière cosmique primordiale : l'éther, les fluides, les gaz, etc., dont l'eau proprement dite dérivera. — C'est ainsi que plus tard le Christ désignera la matière en général, lorsque parlant de la réincarnation il dira : « Il vous faut renaît   de l'*eau* et de l'esprit. »

(8) Voici un des mots les plus sublimes de la Genèse : « Rien, dit le *Livre des Esprits* (38), ne peint mieux la volonté toute puissante de Dieu que ces belles paroles. »

(9) Au point de vue physique, il est acquis à la science que la formation de la lumière, c'est-à-dire du *principe* lumineux a dû précéder celle des *corps* lumineux. Le spiritisme, de son côté, nous apprend qu'en dehors de la lumière du jour il y a celle de l'éther, invisible à nos yeux, mais qui inonde de ses éblouissantes clartés les Esprits qui habitent les espaces célestes. Ce genre de lumière, auprès de laquelle notre soleil ressemble à une lampe fumeuse, nous a été révélé par les médiums extatiques.

(10) Les mots *jour*, *nuit*, *soir*, *matin*, *ciel*, *terre*, *lumière*, *ténèbres*, *firmament*, *eaux*, employés dans la Genèse, ont un sens propre et un sens figuratif. C'est ainsi que, dans ce verset, il est dit que la lumière est appelée *jour*, les ténèbres, *nuit*, et que, du *soir* et du *matin*, il y eut un *jour*. Autant de mots figurés. En effet, si la lumière est appelée *jour* et les ténèbres *nuit*, du *soir* au *matin* il ne peut y avoir qu'une nuit (douze heures), non un *jour* au sens propre que nous attachons à ce mot. Le terme *jour* désigne donc ici une période

quelconque, et les mots *soir* et *matin* le commencement et la fin de cette période, non la durée d'un
jour ordinaire de vingt-quatre heures, puisque le
soleil et la lune qui règlent les jours, les mois et les
années, n'existent pas encore, et que notre terre
elle-même n'est qu'à l'état informe ou nébuleux.

(11) Le mot « firmament » est un des plus figurés.—
Selon l'hébreu, il signifie aussi bien étendue ou
espace que *voûte;* cette dernière expression a, du
reste, sa raison d'être, puisque l'arc-en-ciel prend,
à s'y tromper, la forme d'une voûte. Le firmament
est donc cette partie du ciel où, pour chaque planète, se forment et se résolvent les nuages, d'où
s'échappent la pluie, la grêle, la foudre, en un mot,
tous les phénomènes météorologiques.

(12) Le firmament sépare les *eaux* d'avec les
eaux, en ce sens qu'au-dessus, ou plutôt en
dehors de l'étendue atmosphérique règne la matière
cosmique universelle dont se forment les mondes, *et
sur laquelle l'Esprit Divin plane éternellement.*

(13) Le firmament est appelé « ciel » comme étant
la partie de l'infini qui entoure une planète. Il déli-
mite ici la position astronomique de notre planète
qui, selon son rang, vient de sortir du chaos.

(14) Nous voici maintenant dans la période pri-

maire ou granitique. — Les eaux qui sont sous le
« ciel » se précipitent à la surface du sol pour
s'élever en vapeurs et se précipiter de nouveau. La
croûte terrestre se forme; peu à peu, l'élément
aride apparaît; les premières montagnes surgissent;
c'est le début des révolutions de ce globe qui,
désormais, est une « Terre » nouvelle dans le tour-
billon planétaire.

(15) Moïse esquisse à grands traits la succession
des règnes. Après le règne minéral, le règne végétal, puis le règne animal, puis l'homme: c'est l'ordre
scientifique. Quelques mots lui suffisent pour nous
dérouler ce magnifique enchaînement. La Genèse
n'est pas un traité scientifique; c'est plutôt un
splendide tableau, le panorama merveilleux des
causes et des effets. Cependant, une chose digne de
remarque, c'est l'insistance qu'elle met à établir le
propre de chaque espèce. L'expression « selon son
espèce » est répétée à chaque instant, comme pour
montrer que chacune a un caractère de fixité bien
déterminé. On sait que, de nos jours, certains natu-
ralistes, éminents d'ailleurs, tels que Darwin et
Hæckel, ont essayé de soutenir le contraire; mais
d'autres observateurs non moins célèbres, tels que
Agassiz et de Quatrefages, sont d'un avis opposé.

(16) La Bible a triomphé des plaisanteries du siècle dernier au sujet de la création de la lumière avant le soleil. Il est probable qu'elle triomphera encore des exagérations de l'école transformiste qui n'admet pas la fixité des espèces. Pour le moment, elle est en train de triompher de la **théorie de Laplace**, sur laquelle la science s'est appuyée jusqu'à ce jour, et qui donne la formation du soleil avant celle de la terre. Cette théorie célèbre, formant l'objection la plus puissante contre la cosmogonie de Moïse, qui donne la formation de la terre avant celle du soleil, commence à être battue en brèche par les astronomes actuels, M. Faye en tête, une de nos illustrations scientifiques. Cet éminent astronome a publié tout récemment un ouvrage spécial : *Sur l'Origine du Monde*, afin de développer cette théorie nouvelle, ou plutôt pour ramener à l'ancienne, celle de la formation du soleil après la terre, et tout semble faire croire qn'elle est la plus scientifique. Le seul tort de M. Faye, c'est d'avoir pris le récit de la Genèse, non pour une révélation, mais simplement pour l'opinion personnelle de son auteur, d'après les idées du temps où il vivait. C'est ainsi que, pour prouver son dire, il avance que si Moïse a donné la création du soleil au qua-

trième jour, c'est uniquement parce qu'il fallait
que la voûte du firmament fût formée déjà pour y
placer les astres. Or, rien de moins exact, car, s'il
en était ainsi, Moïse aurait placé le soleil, la lune et
les étoiles au troisième « jour », avant l'apparition
du règne végétal, et celui-ci au quatrième. S'il ne
l'a pas fait, c'est que cela ne lui a pas été révélé
ainsi.

(17) *Dans le firmament du ciel.* — Cette
manière de parler indique le rôle que joue l'atmosphère dans l'éclairement de la terre. On sait, en
effet, que sans l'atmosphère le soleil luirait crûment
sur la terre à la façon d'un jet de lumière électrique,
et ne produirait pas cette clarté diffuse si admirable.

(18) *Présider au jour, présider à la nuit* sont
des termes métaphoriques pour exprimer l'action
bienfaisante de ces astres, action que les chantres du
Rig-Véda ont célébrée avec tant d'amour.

(19) La science a établi que l'immense aggloméra-
tion d'étoiles visibles à l'œil nu sont autant de
soleils. Or, si d'après la théorie Faye notre soleil a
été « fait » vers la quatrième période, toute la voie
lactée, *dont notre soleil fait partie*, a pu être
« faite » vers la même époque; c'est une consé-

quence, sinon obligée, tout au moins logique. Dieu
doit émettre les mondes comme les Esprits, par
millions à la fois.

(20) Ce verset doit être une interpolation, car il
n'y a aucune liaison possible entre ce qu'il exprime
et les étoiles mentionnées au verset précédent.
M. F. Lenormant le conserve, en le faisant précéder
de ce verset supplémentaire qui en rétablit le sens :
« *Et Elohim nomma le plus grand luminaire
soleil, et le moindre luminaire lune.* » Mais M. E.
Ledrain, dans sa récente traduction, [1] le supprime
simplement, et avec raison. — Nous rencontrerons,
du reste, d'autres interpolations de ce genre, et qui
n'ont rien d'étonnant.

(21) La science paléontologique, créée par le
génie de Cuvier, a rétabli le squelette de quelques-
uns de ces différents monstres. Le plésiosaure, le
téléosaure, l'ichthyosaure, le mégalosaure mesu-
raient de 10 à 15 mètres de longueur ; l'iguanodon
atteignait jusqu'à 30 !

(22) Toutes les espèces animales ont été créées à

---

[1] Le beau travail de M. E. Ledrain est à tous égards
digne des plus grands éloges. Cela dit, bien que le point de
vue où il a cru devoir se placer soit *anti-révélationniste*.

l'état embryonnaire ; elles devaient donc croître et
multiplier. « La terre, dit le *Livre des Esprits* (44),
en renfermait les germes qui attendaient le moment
favorable pour se développer. Les principes organiques se rassemblèrent dès que cessa la force qui
les tenait écartés, et ils formèrent les germes de
tous les êtres vivants. Les germes restèrent à l'état
latent et inèrte, comme la chrysalide et les graines
des plantes, jusqu'au moment propice pour l'éclosion
de *chaque espèce ;* alors les êtres de *chaque espèce*
se rassemblèrent et se multiplièrent. » — En parlant ainsi, le livre fondamental du spiritisme établit
la distinction radicale des espèces, exprimée par la
Genèse, et que confirment les *Evangiles* de Roustaing. C'est le commencement des preuves du lien
étroit qui rattache la révélation spirite à la révélation mosaïque.

(23) Cet acharnement de la Genèse à distinguer
les espèces les unes des autres, *à une époque où
personne ne discutait leur fixité*, est un des
traits les plus caractéristiques de la révélation
mosaïque, et une preuve absolue de son authenticité
supra-terrestre.

(24) *Faisons l'homme !* — Exclamation qui,
tout en témoignant hautement de la pluralité des

Elohim, exprime clairement que l'espèce humaine est bien distincte des autres.

(25) L'homme est fait à l'image et à la ressemblance d'Elohim, preuve que les Anges, *en tant que créatures spéciales*, sont une chimère ; et si l'opinion qui admet des êtres créés parfaits et supérieurs à toutes les autres créatures est dans la tradition de tous les peuples, c'est que, dit le *Livre des Esprits* (130), notre monde n'est pas de toute éternité et que longtemps avant qu'il existât, des Esprits avaient atteint le suprême degré ; les hommes alors ont pu croire qu'ils avaient toujours été de même.

(26) *Mâle et femelle.* — C'est l'affirmation formelle des *sexes spirituels* des Elohim dont l'espèce humaine est le reflet et l'image.

(27) L'espèce humaine, comme toutes celles qui l'ont précédée, a commencé, comme elles, par la période embryonnaire, et n'est point une espèce simienne transformée. Aussi doit-elle croître et se multiplier de la même manière que les autres. — « L'espèce humaine, dit le *Livre des Esprits* (47-49), se trouvait parmi les éléments organiques contenus dans le globe terrestre ; elle est venue en son temps : c'est ce qui a fait dire que l'homme avait été formé du limon de la terre. — L'homme, disent les *Evan-*

giles de Roustaing (vol. I, p. 198), arrive sur terre à l'état *d'ébauche*, comme tout ce qui se forme sur les terres primitives. Le mâle et la femelle ne sont ni développés, ni forts, ni intelligents ; se traînant à peine dans leur enveloppe grossière et informe, ils vivent, comme les animaux, de ce qu'ils trouvent sur le sol à leur convenance ; les arbres et la terre produisent abondamment pour la nourriture de chaque espèce ; les animaux carnivores ne les recherchent pas : la prévoyance du Seigneur veille à la conservation de tous. La faim et la nécesité de se reproduire sont leurs seuls instincts. Les générations qui se succèdent se développent ; les formes s'allongent et sont mises en demeure de fournir aux besoins qui se multiplient. »

(28) A quelle époque a eu lieu la formation de la terre, des espèces animales et de l'homme ? La Bible ne le dit pas : le texte est muet là-dessus ; mais, d'après les données géologiques, des myriades de siècles ont dû s'écouler entre chacune des périodes que la Genèse appelle « jours », et le texte biblique n'y contredit point. « Le Créateur seul le sait, dit le *Livre des Esprits* (42) ; et bien fou qui prétendrait le savoir, ou connaître le nombre des siècles de cette formation. » — Ceci est pour l'âge du globe ;

quant aux espèces animales et pour l'homme, il
ajoute (48): « *Tous vos calculs sont des chi-
mères.* »

(29) Une question que l'on se pose naturellement,
c'est celle-ci : L'espèce humaine provient-elle d'un
seul couple, mâle et femelle, ou de plusieurs ? La
Genèse ne répond pas à notre légitime curiosité ; et
l'histoire d'Adam et d'Ève ne nous apprend rien à
ce sujet. De nos jours, deux écoles sont en présence :
les *monogénistes* qui n'admettent qu'un couple pour
chaque espèce, comme pour l'homme ; les *polygénis-
tes* qui croient à plusieurs centres de créations ou
d'apparitions des espèces. Cette dernière opinion parait la plus probable, si l'on envisage seulement les
diverses races humaines. « L'homme, dit le Livre des
Esprits (53-54), a pris naissance *sur plusieurs
points du globe, et à diverses époques,* et c'est
là une des causes de la diversité des races ; puis les
hommes, en se dispersant sous différents climats, et
en s'alliant à d'autres races, *ont formé de nouveaux types.* Ces différences ne constituent pas des
espèces distinctes, tous sont de la même famille : les
différentes variétés du même fruit ne l'empêchent
pas d'appartenir à la même espèce. Mais si l'espèce
humaine ne procède pas d'un seul, les hommes ne

doivent pas pour cela cesser de se regarder comme frères : *tous les hommes sont frères en Dieu, parce qu'ils sont animés par l'esprit et tendent au même but.* »

CHAPITRE II

L'ANDROGYNIE SPIRITUELLE. — LE PARADIS TERRESTRE

Ainsi furent achevés les Cieux et la terre et tout ce qui les constitue. Et Elohim termina au septième jour son œuvre, et au septième jour il se reposa de toute son œuvre qu'il avait faite.

Et Elohim bénit le septième jour et le sanctifia parce qu'il avait cessé en ce jour (2) de produire tous les ouvrages qu'il avait résolus.

Telle est l'origine des Cieux et de la terre.

Au jour où Jéhovah Elohim (3) fit les Cieux et la terre, et toutes les plantes des champs, avant qu'elles eussent paru sur la terre, et toutes les herbes de la campagne, avant leur germination (4), — car Jéhovah Elohim n'avait point encore fait pleuvoir sur la terre, et l'homme n'était point encore pour la cultiver (5), — il s'élevait de la terre une nuée qui en arrosait tout le sol. Jéhovah Elohim forma donc l'homme du limon de la terre, il répandit sur lui un souffle de vie, et l'homme devint Esprit vivant (6).

Et Jéhovah Elohim avait planté, dès le commencement (7), un jardin dans Eden (8), du côté de l'Orient (9), et il y plaça l'homme (10), qu'il avait formé.

Et Jéhovah Elohim avait fait germer du sol tout arbre agréable à la vue et bon à manger, et l'arbre de vie au milieu du jardin ainsi que l'arbre de la connaissance du bien et du mal (11).

Un fleuve sortait de Eden pour arroser le jardin, et de là se divisait entre quatre bras (12). (Le nom du premier est Pisçon; c'est celui qui coule autour de tout le pays de Havila, où est l'or. Et l'or de ce pays est bon; là aussi est le bdéllion et la pierre d'onyx. Et le nom du second fleuve est Guihon c'est celui qui coule autour du pays de Cus. Et le nom du troisième fleuve est Hiddekel; c'est celui qui coule vers l'orient de l'Assyrie. Et le quatrième fleuve est l'Euphrate).

Jéhovah Elohim prit l'homme et l'établit dans le jardin de Eden pour le cultiver et le garder (13).

Et Jéhovah Elohim fit à l'homme ce commandement : De tout arbre du jardin vous pouvez manger; mais de l'arbre de la science du bien et du mal vous ne mangerez pas, car en ce jour-là vous mourrez de mort (14).

Car Jéhovah Elohim avait dit : Il n'est pas bon que l'homme soit seul; je lui ferai une aide qui lui corresponde (15).

Or, Jéhovah Elohim, qui avait formé de la terre toutes les bêtes des champs et tous les oiseaux du ciel, les avait fait venir vers l'homme afin qu'il les vit et les nommât, et tel il les nommait, tel était leur nom (16). Et l'homme nomma tout bétail, tout oiseau du ciel, toute bête sauvage : mais pour l'homme il ne se trouva point d'aide qui lui correspondit (17).

Et Jéhovah Elohim fit tomber un profond sommeil sur
l'homme, et il s'endormit; il prit un de ses côtés et il en
resserra les chairs (18).

Et Jéhovah Elohim forma le côté qu'il avait pris à l'homme
en femme, et il l'amena à l'homme. Et l'homme dit : Ceci
est l'os de mes os et la chair de ma chair; elle s'appellera
femme parce qu'elle est tirée de l'homme ! (19).

C'est pourquoi (dit Jéhovah), l'homme quittera son père et sa
mère et s'attachera à sa femme, et les deux ne feront qu'une
seule chair (20).

Et tous les deux, l'homme et la femme, étaient nus et n'en
avaient pas de honte (21).

(1) *Il se reposa.* Métaphore qui exprime l'état
d'un monde après sa constitution définitive. Chaque
monde a sa loi particulière, sa constitution spéciale. C'est l'établissement final de cette loi que
la Bible appelle, dans son langage imagé, *le repos
divin.*

(2) Moïse, disent les Evangiles de Roustaing
(3ᵉ vol., p. 608), en interprétant ainsi le commandement du repos et en lui donnant cette origine
auguste, n'a pas eu d'autre intention que d'en
graver plus profondément le respect dans le cœur
des Hébreux. La création a été divisée par lui en six
époques et non *jours*, non point *par recherches*

scientifiques, mais toujours dans le même but; le commandement approprié aux nécessités de l'humanité qui réclame le repos septuaire était protecteur des faibles, et Moïse a forcé les forts à s'y soumettre.

(3) L'intervention de Jéhovah, qui se manifeste ici pour la première fois, est motivée par ce qui suit, et qui se rapporte directement au *principe même* de la création matérielle ou spirituelle, *ainsi qu'aux obligations morales qui incombent à l'Esprit.* Tant qu'il ne s'agissait que de la formation et de l'arrangement de la matière, les causes secondes, les Elohim seuls sont les agents de la création, mais du moment où l'Esprit, l'âme de l'homme apparaît, la Bible fait intervenir Jéhovah, le grand Elohim, le Dieu des Dieux.

La critique moderne a cru découvrir dans la rédaction du *Pentateuque*, et principalement de la *Genèse*, deux sources principales, l'une *élohiste*, l'autre *jéhoviste*, de telle façon que l'auteur du Pentateuque, quel qu'il soit, se serait servi pour la rédaction définitive de l'Œuvre de plusieurs documents anciens. A cela il n'y a rien d'impossible. Disons cependant, pour les personnes étrangères au spiritisme, que les productions médianimiques, quoique du même médium, ont souvent entre elles des différences marquées. Or Moïse a très bien pu écrire sous la dictée de plusieurs Esprits supérieurs, d'où les différences que l'on remarque dans la suite des récits de la Genèse. Moïse a pu aussi laisser ses œuvres médianimiques telles quelles [1], qu'un scribe aura ensuite réunies postérieurement en un seul tout, comme l'ont fait en spiritisme, Allan Kardec pour le *Livre des Esprits,* et J.-B. Roustaing pour les *Quatre Évangiles.* Aussi est-il bon, dans cet ordre d'idées, de ne pas trop s'appesantir sur les mots. Saint Paul a dit : *La lettre tue et l'esprit vivifie.*

(4) Ces paroles sont la condamnation anticipée de la théorie moderne de la *génération spontanée.*

« A leur formation , dit Roustaing (1er vol., p. 173), les mondes primitifs sont composés de tous les principes constitutifs , dans l'ordre spirituel, matériel et fluidique , des divers règnes que les siècles doivent élaborer. — Avant la formation de

---

[1] Le *Deutéronome* (XXXI, 24-27), déclare formellement que Moïse a écrit lui-même le Livre de la Loi. — C'est ce Livre qui, probablement, a servi de base au *Pentateuque,* tel que nous le possédons, et dont la rédaction est évidemment postérieure à Moïse.

la terre, dit le Livre des Esprits (45), les éléments organiques se trouvaient, pour ainsi dire, *à l'état de fluide dans l'espace,* au milieu des Esprits, ou dans d'autres planètes, attendant la création de la terre, pour commencer une nouvelle existence sur un globe nouveau. — Sachez-le bien, dit encore Roustaing (1er vol., p. 191), *il n'y a rien de spontané dans la nature,* car tout a une origine *préparée.* L'homme ne peut saisir que les effets qui frappent ses sens ; pour lui, ce qui naît instantanément, alors qu'il n'en prévoyait pas la possibilité, est une création spontanée, une création nouvelle ; *mais il en existait les germes.* »

Tout ceci s'écrivait au moment même où la théorie de la génération spontanée était le plus en honneur parmi les savants, à ce point qu'Allan Kardec, dans la dernière édition de sa *Genèse,* la présentait comme une vérité presque démontrée. On sait quel éclatant démenti les expériences de M. Pasteur ont donné depuis à cette théorie, célèbre désormais dans les fastes des contradictions scientifiques.

(5) Au chapitre premier, la Genèse nous donne la création de l'*espèce* humaine, *mais en germe seulement,* et la bénédiction d'Elohim était en vue des conséquences du drame auquel nous allons assister.

— Tout ce que Dieu fait *est bon*, nous dit le texte ; et il est père, *même en punissant*. *L'espèce* humaine était donc créée dans ce but, car Dieu voit tout ensemble, le passé, le présent et l'avenir ; *pour lui tout est éternellement présent* [1].

(6) Il est admis, en spiritisme, que l'Esprit, avant d'arriver à la plénitude de l'être, passe par les formes inférieures de la création. L'âme de l'homme n'est donc pas autre chose que le principe intelligent développé par le travail successif des trois règnes minéral, végétal et animal, à la suite desquels il subit une *transformation* et devient Esprit. C'est alors, dit le Livre des Esprits (607), que commence pour lui la période de l'humanité et avec elle la conscience de son avenir, la distinction du bien et du mal et la responsabilité de ses actes.

Ces trois phases de l'élaboration de l'âme sont implicitement contenues dans le texte de la Genèse. L' « *homme* », dit-elle, est *tiré* du limon de la terre : ce sont les règnes inférieurs, à commencer par le règne minéral ; il est ensuite animé par le souffle

---

[1] La prescience divine, quoique difficile à comprendre, s'impose d'elle-même, parce qu'elle est la conséquence de l'éternité du Créateur.

divin : c'est la transformation qui le met en possession de lui-même et le rend Esprit ; puis, enfin, il est placé dans le paradis, où l'attend la distinction du bien et du mal et la responsabilité de ses actes : c'est son entrée dans l'humanité, car l'humanité est partout dans l'univers.

Beaucoup de personnes, et parmi elles un certain nombre de spirites, interprétant mal le mot « humanité », croient que le principe animique, après la transformation qui le rend Esprit au sortir des règnes inférieurs, va s'incarner dans les races sauvages. Nous avons déjà réfuté cette thèse dans ce qu'elle a d'erroné [1] ; nous n'ajouterons ici que cette simple considération : Les races primitives terrestres ont disparu depuis longtemps ; les races sauvages actuelles sont en train de disparaitre au contact de la civilisation, encore quelques siècles, et il n'en sera plus question, *nouvelle preuve que le singe ne produit pas l'homme* [2] ; où s'incarneront alors les prin-

---

[1] Voyez la *Chute originelle, selon le spiritisme.*

[2] Si l'homme descendait du singe, les races sauvages ne risqueraient pas de disparaître. Si elles disparaissent, c'est que le singe ne produit pas l'homme. C'est là un dilemme impitoyable auquel on ne peut échapper, et qui montre surabondamment qu'il n'y a aucune parité entre l'espèce humaine et l'espèce simienne.

cipes animiques sortant de l'animalité ?..... Cette
seule objection suffit pour réduire à néant l'interprétation que nous combattons, d'autant plus que chaque
globe matériel ayant son contingent d'êtres à élaborer se trouve dans le même cas... Oui, l'Esprit,
animé du souffle divin, entre dans l'humanité, qui
n'est point circonscrite à la terre, mais qui embrasse
tous les globes de l'univers, et c'est dans les mondes heureux appelés *Paradis* dans la Bible, qu'il va
faire l'apprentissage de son libre arbitre. S'il persévère dans la bonne voie, il continue son ascension
à l'état spirituel ; s'il succombe, il retourne *humai-
nement* aux mondes matériels d'où il a été *tiré.*

(7) Ces mots : *dès le commencement*, rapprochés de ceux par lesquels la Genèse débute, nous
montrent que *de toute éternité* Dieu a destiné
l'homme au bonheur dès sa naissance spirituelle.

(8) *Eden*, mot hébreu qui signifie *délices.*

(9) *Du côté de l'* « *orient* », c'est-à-dire de la
lumière céleste.

(10) Remarquons ici que l'homme n'a pas été
créé dans Eden, *mais qu'il y a été transporté.* —
C'est donc bien de l'Esprit qu'il s'agit.

(11) Inutile de nous étendre de nouveau sur le
symbolisme de ces deux « arbres »; on sait à quoi

s'en tenir, d'après ce qui a été dit à ce sujet dans le cours de ce livre.

(12) Les quatre versets qui suivent doivent être une interpolation. Cette nomenclature de quatre fleuves, parmi lesquels figure l'Euphrate, est tout à fait disparate dans un récit symbolique comme celui du Paradis terrestre, dont on a d'ailleurs inutilement cherché les traces sur la terre.

(13) *Le cultiver et le garder*. Métaphore exprimant le travail spirituel auquel l'Esprit est soumis dans son ascension fluidique éternelle.

(14) Redondance qui marque la mort spirituelle, c'est-à-dire la perte totale de la spiritualité.

(15) Qui soit spirituellement un reflet de lui-même.

(16) Les Esprits, quoique créés simples et ignorants, ont, même au début de leur évolution ascensionnelle, une intuition des choses dont on se fait difficilement une idée. C'est cet état supérieur que nous peint cette scène figurée.

(17) Bien que l'intelligence de l'homme et celle des animaux émanent du même principe, il y a, dit le Livre des Esprits (597), entre l'âme des animaux et celle de l'homme autant de distance qu'entre l'âme de l'homme et Dieu, parce que (606), dans l'homme,

le principe intelligent a reçu une élaboration qui l'élève au-dessus de la brute. Mais du moment où le principe intelligent atteint le degré nécessaire pour être Esprit et entrer dans la période de l'humanité, *il n'a plus de rapport avec son état primitif*, et n'est pas plus l'âme des bêtes que l'arbre n'est le pépin [1], *par conséquent on ne peut pas dire que tel homme est l'incarnation de l'Esprit de tel animal* (611).

A quel moment l'Esprit animal subit-il la transformation suprême, reçoit-il le *souffle divin* ? Il est difficile de répondre à une semblable question. Le Livre des Esprits dit (601-604), que les animaux suivent une loi progressive comme les hommes, et que dans les mondes supérieurs ils sont pour ceux-ci des serviteurs intelligents. Cela laisse

---

[1] Nous venons de dire qu'il n'y a aucune parité entre l'espèce humaine et les autres ; il en est de même dans l'ordre spirituel, car sans la *transcréation*, le souffle divin, jamais « l'animal » ne deviendrait « homme ». — Il y a donc, en spiritisme, une distinction essentielle entre l'évolution psychologique ou transformisme spirituel, et l'évolution physiologique ou transformisme matériel. La première est exacte, jusqu'à concurrence de la transcréation ; la seconde est fausse dans le sens absolu de Darwin. Le transformisme physiologique n'est vrai qu'au point de vue de l'*amélioration* des espèces et des races.

à supposer que l'évolution animique ne s'arrête pas
à la terre, mais qu'elle se poursuit dans d'autres
mondes jusqu'au moment propice pour l'éclosion du
sens moral conscient. « L'Esprit, dit Roustaing
(1ᵉʳ vol., p. 193), assez développé à l'état animal est
rendu en quelque sorte au tout universel, mais dans
des conditions distinctes pourtant. Il est conduit dans
les mondes *ad hoc*, régions préparatoires, car il lui
faut trouver le milieu dans lequel s'élaborent les
principes constitutifs du *périsprit*. Faible rayon
lumineux, il est jeté dans une masse de vapeurs qui
l'enveloppent de toutes parts, et là l'Esprit perd la
conscience de son être, car l'influence de la matière
doit s'anéantir pendant la période stagnataire. Il
tombe dans un état que nous appellerons pour vous
faire comprendre, de léthargie ; pendant cette période le périsprit destiné à recevoir le *principe spirituel* se développe, se forme autour de cette étin-
celle de véritable vie ; il prend une forme indistincte
d'abord, puis se perfectionne graduellement comme
le germe dans le sein de la mère, passe par toutes
les phases de développement, et l'Esprit sort de son
engourdissement pour jeter son premier cri d'admiration lorsque son enveloppe est prête à le conte-
nir. Le périsprit de l'Esprit, à ce degré, est complè-

tement fluidique ; la flamme qu'il enserre, l'essence spirituelle de vie est tellement pâle que les sens si subtils des Esprits ont peine à le distinguer. »—C'est l'*état d'enfance* de l'Esprit ou *homme spirituel*, car les Esprits ont aussi leur enfance [1] avant d'arriver à cet état d'éternelle jeunesse qui les constitue, et c'est problablement à cette époque de leur existence que Dieu leur donne cet aide qui leur correspond, selon le langage de la Bible.

(18) Cette figure, puérile si l'on s'attache à la forme, sublime si l'on en considère le fond, montre bien l'union intime qui doit régner entre deux êtres appelés à n'en faire qu'un.

(19) En hébreu, homme : Isch ; femme : Isscha.

(20) Ces paroles s'appliquent aussi bien aux Esprits qu'aux hommes, car tous sont soumis, au début, à une direction paternelle et maternelle.

(21) Voir ce qui a été dit, page 53. — Dans le monde des Esprits comme dans les mondes supérieurs, les vêtements sont à peu près nuls : ils n'existent même pas en principe, car la forme humaine, idéalisée, se résume dans la tête et dans le regard. Mais comme les fluides sont de densités

---

[1] Voyez : *Livre des Esprits* (189, 607).

différentes, les vêtements et les corps qu'ils recou-
vrent varient suivant les régions, et selon le degré
d'élévation des Esprits. Voilà pourquoi la Genèse
représente Adam et Eve absolument nus dans le
Paradis : ils sont *simples* et *ignorants,* mais *inno-
cents* et *purs.*

CHAPITRE III

LA TENTATION. — LA CHUTE. — L'INCARNATION

Le serpent était le plus subtil de tous les animaux que Jéhovah Elohim avait faits, et il dit à la femme (1) : Elohim a-t-il vraiment dit : Vous ne mangerez d'aucun arbre du jardin (2) ?

Et la femme répondit : Nous mangeons des fruits de tous les arbres du jardin ; mais quant au fruit de l'arbre qui est au milieu du jardin, Elohim a dit : Vous n'en mangerez pas et vous n'y toucherez même pas de peur de mourir.

Et le serpent dit à la femme : Vous ne mourrez point ; car Elohim sait qu'au jour où vous en mangerez, vos yeux s'ouvriront et vous serez comme des Elohim (3), connaissant le bien et le mal.

Et la femme vit que l'arbre était bon à manger, et qu'il était désirable pour donner la connaissance ; et elle prit de son fruit, en donna à l'homme près d'elle, et ils en mangèrent.

Alors les yeux de tous deux s'ouvrirent, et ils virent qu'ils étaient nus ; et ils entrelacèrent des feuilles de figuier et s'en firent des ceintures (4).

Et ils entendirent, au vent doux du soir, la voix de Jéhovah Elohim qui parcourait le jardin (5) ; ils se cachèrent de devant la face de Jéhovah Elohim, au milieu des arbres du jardin.

Et Jéhovah Elohim appela l'homme et lui dit: Où es-tu (6) ? Et il répondit : J'ai entendu ta voix dans le jardin, et j'ai eu peur, parce que je suis nu, et je me suis caché.

Et Jéhovah Elohim dit : Qui t'a appris que tu étais nu, sinon l'arbre dont je t'avais défendu de manger et que tu as mangé !

Et l'homme répondit : La femme que tu m'as donnée près de moi m'a offert de l'arbre, et j'ai mangé (8).

Et Jéhovah Elohim dit à la femme : Pourquoi as-tu fait cela? Et elle répondit : Le serpent m'a séduite (9), et j'ai mangé.

Jéhovah Elohim dit au serpent : Puisque tu as fait cela tu es maudit entre tous les animaux et entre toutes les bêtes de la terre ; tu marcheras sur ton ventre, tu ramperas sur la terre tous les jours de ta vie. J'établirai une inimitié entre toi et la femme, entre ta race et la sienne ; celle-ci t'écrasera la tête, toi, tu lui mordras le talon (10).

A la femme il dit : Les peines de ta grossesse seront augmentées, tu enfanteras dans la douleur; vers l'homme seront tes désirs, et il te dominera (12).

Et à l'homme il dit (13): Puisque tu as écouté la voix de ta femme et as mangé de l'arbre que je t'avais défendu, la terre sera maudite pour toi; tu mangeras dans la peine tous les jours de ta vie ; elle te produira des ronces et des chardons, et tu te nourriras d'elle en retournant d'où tu as été tiré ; car tu n'es que limon et tu retourneras à lui (14).

Adam (15) appela sa femme Eve (parce qu'elle a été la mère de tous les vivants) (16).

Et Jéhovah Elohim fit à l'homme et à la femme des tuniques de peau et les vêtit (17).

Et Jéhovah Elohim dit : Voici, Adam est devenu comme l'un de nous (18), sachant le bien et le mal (19) ; mais maintenant qu'il n'étende pas sa main pour prendre de l'arbre de vie et vivre éternellement (20) !

Ainsi il chassa Adam, et il plaça à l'orient du jardin de Eden des chérubins armés d'un glaive tournant pour garder l'Arbre de Vie (21).

(1) Cet apologue du serpent et de la femme est un vrai chef-d'œuvre, et il serait difficile de présenter sous une forme plus voilée un sujet si délicat.

(2) Le « serpent », par sa subtilité, représente la facilité avec laquelle les mauvais désirs s'infiltrent dans notre cœur; c'est, dit Allan Kardec, une allusion à la perfidie des mauvais conseils qui se glissent comme le serpent, et dont souvent, pour cette raison, on ne se méfie pas. — A un autre point de vue, le serpent, par sa forme, dit M. Ledrain, est caractéristique du mythe.

(3) Vous serez comme Elohim, c'est-à-dire comme les Esprits qui vous gouvernent.

(4) Ces ceintures montrent par où ils avaient péché.

(5) Il y a quelque chose de formidable dans cette voix de l'Eternel qui parcourt les Cieux et qui sonde la conscience du coupable.

(6) Où est-tu ? Question aussi terrible qu'ironique ! et quelle réponse épouvantée elle provoque !

(7) La réplique de Jéhovah ne laisse aucun doute sur la nature de l'acte accompli.

(8) Après la désobéissance, la dissimulation. L'homme pour se disculper accuse la femme. Les choses n'ont pas changé depuis ; l'homme est toujours aussi courageux !

(9) Pauvre femme ! elle a été séduite, c'est tout naturel : elle est faite pour se donner.

(10) Cette condamnation figurée du « *serpent* » fait pressentir l'état supérieur auquel doit tendre la race humaine en répudiant la matérialité dont elle est issue par la chute originelle, et dont la « *naissance* » fluidique du Christ, à l'instar des mondes supérieurs, est la contre-partie [1].

---

[1] Ce n'est donc pas sans raison que la tradition a vu dans

(11) Nous avons vu (1re partie) de quelle nature est la maternité sur les mondes supérieurs où les Esprits, figurés par Adam et Eve, font leur entrée dans l'humanité. La peine prononcée contre la femme est donc, sinon une punition proprement dite, du moins une conséquence de la loi qui régit les mondes inférieurs ou matériels, sur lesquels désormais elle est appelée à vivre.

(12) Triste effet de la nature matérielle où le plus souvent la force prime le droit. La femme ne l'a que trop senti depuis l'antiquité jusqu'à nos jours.

(13) Cette sentence prononcée contre l'homme, au moment où il va retourner à la terre en s'y incarnant, s'exécutera à la lettre. Incapable de se maintenir dans les régions célestes, le « Paradis » qu'il devait *cultiver* et *garder*, il subira les conditions d'un travail dur et pénible, résultant de sa nature matérielle. — « Le travail, dit le *Livre des Esprits* (674-676), est une loi de nature ; mais le travail imposé à l'homme est une conséquence de sa nature corporelle, *c'est une expiation* et en même

ces paroles la promesse d'un « Rédempteur ». — Pour la mission du Christ, voir notre ouvrage : LA CHUTE ORIGINELLE, *selon le spiritisme*, ch. 4.

temps un moyen de perfectionner son intelligence. »

(14) Les Esprits qui se laissent choir aux sugges-
tions de la chair ne sont que limon, c'est-à-dire sont
trop matériels pour habiter les mondes fluidiques.
Dès lors, leur ascension évolutive s'effectuera par
les incarnations charnelles dont ils doivent apprendre
à connaître le néant, *et dont ils ne sortiront que
purifiés* [1].

(15) En hébreu, Adam signifie homme ou, par
excellence : *l'homme* ; Eve veut dire *vie*, probablement par ironie.

(16) Ces mots sont une interpolation maladroite de
copiste, comme nous le démontrera, au chapitre suivant, la généalogie de Caïn.

(17) Les *tuniques* de peau dont Adam et Eve
furent revêtus après la chute, représentent le corps
humain des mondes matériels. Origène, un des plus
grands Esprits qui aient paru sur la terre, avait déjà
reconnu cette vérité.

(18) *Comme l'un de nous.* Ces paroles montrent

---

[1] La « damnation éternelle » est aussi contraire à la Bible
qu'à la raison. — Cette croyance, léguée par l'antiquité grecque, et acceptée par les chrétiens, d'après une fausse interprétation de l'Evangile, est une de celles que le spiritisme a
spécialement mission de rectifier.

l'élévation sublime des Elohim, les Esprits-Dieux,
(Psaume 81, v. 1-6.), tel que le Christ par exemple,
et expriment les rapports continuels qu'ils ont avec
l'Eternel, le Dieu des Dieux, Jéhovah, le seul Dieu
véritable. (St-Jean ch. x, v. 34 ; ch. xvii, v. 3.)

(19) Connaissant le grand secret de la vie universelle.

(20) L'Arbre de «Vie» est le symbole de la vie
heureuse des mondes fluidiques où l'on ne meurt
point, et Jéhovah Elohim ne veut pas qu'Adam y
touche avant de s'être purifié.

(21) L'ange armé d'une épée flamboyante qui
défend l'entrée du paradis, symbolise, dit Allan
Kardec, l'impossibilité où sont les Esprits des mondes
inférieurs de pénétrer dans les mondes supérieurs
avant de l'avoir mérité par leur épuration.

Résumons cet important chapitre de la Genèse
par quelques extraits du livre « Les vies mystérieuses » :

« La naissance d'un être, aussi bien que celle
d'un Esprit, se distingue par l'ignorance, la faiblesse,
l'aveuglement, le besoin d'une alimentation particulière. C'est l'âge des Esprits nouveaux qui viennent
sur un monde, non point pour travailler, mais pour

apprendre à vivre par les soins, les conseils, les instructions de leurs guides, Esprits protecteurs, dévolus à cette mission. Ils enseignent aux Esprits nouveaux l'idée de Dieu ; la vie spirite, qui jette en eux la pensée féconde du bien, éveille leur conscience, fonde leur raison, leur fait apprécier ce qui les entoure.

« Cette période est l'Age d'or, conservé dans le souvenir des hommes par la tradition. C'est le moment où Dieu enseigne à Adam et à Ève — pris tous deux comme emblèmes d'une généralité — le nom et l'usage des animaux et des plantes. Adam et Ève sont donc un exemple des Esprits enfants.

« Cependant, comme aucune épreuve ne peut être proposée à un Esprit avant qu'il ait connaissance de lui-même, il est certain que la tradition confondit en un seul moment, et sur un seul groupe d'êtres spirituels, ce qui eut lieu à de longs intervalles et pour des Esprits déjà avancés.

« L'éducation et l'épreuve sont deux faits qui doivent avoir eu lieu à des périodes éloignées l'une de l'autre.

« Une fois une certaine période de l'éducation accomplie, une fois sa conscience éclairée et affermie, l'Esprit est livré à l'épreuve.

« Le type humain le plus rapproché de l'Esprit pur, encore intact, est, sans contredit, celui qu'il doit revêtir. Vous voyez l'enfant sous une apparence gracieuse et charmante ; à plus forte raison l'Esprit doit-il prendre une forme suave, lui qui possède en réalité l'innocence et le charme dont l'enfant humain n'a que le dehors.

« Nul doute que, s'il tombe dans le mal, ses incarnations suivantes ne le portent dans des races plus ou moins inférieures, comme type et tendances, suivant sa faute et selon les germes mauvais que le mal accompli aura fait éclore et grandir en lui ; car les semences du mal existent en puissance dans tout Esprit.

« A la suite de la chute, une quantité indéterminée d'incarnations plus ou moins inférieures doivent se succéder ; c'est dans la logique des choses.

« Mais si l'Esprit sort vainqueur de ces premières tentations, s'il fournit sans broncher cette première et redoutable épreuve, les germes mauvais étouffés ou vaincus ne reparaissent plus de longtemps ; la matière est refoulée. Dès lors, l'Esprit prendra ses incarnations dans les types fluidiques les plus perfectionnés, parce que, à la faveur de leurs développements, ses facultés prendront une extension toujours croissante.

« L'épreuve matérielle ou première épreuve a déjà été subie par l'Esprit humain de la terre, puisqu'il habite un monde malheureux et qu'il a dû y passer bien des existences. Cette épreuve l'a précipité dans des conditions et dans un milieu de douleurs et de souffrances. Parmi ce grand nombre d'Etres, plusieurs ont déjà remonté et s'apprêtent à quitter la terre pour ne plus y revenir. Une dernière existence, en affermissant leurs progrès, aura concentré leurs forces morales, consolidé leur conscience et les aura rendus inébranlables dans la route du devoir.

« Mais revenons à l'épreuve. En quoi consiste-t-elle ? dites-vous.

« Elle consiste à réveiller les instincts inférieurs au fond de vos facultés intelligentes. Elle consiste à présenter comme nobles, chastes, pures, méritantes même, les conquêtes de l'Esprit dans le domaine matériel, ainsi que sa participation aux passions mauvaises.

« Comprenez la signification du fruit présenté à Eve, et qui est la figure poétique autant que décevante des passions et des satisfactions des sens.

« Comprenez aussi le côté orgueilleux de cette tentation : « *vos yeux seront ouverts et vous serez*

comme des dieux. » Cette promesse, cette affirmation montrent combien Eve et Adam étaient ignorants des choses matérielles, et combien aussi ils
ignoraient les hiérarchies ou degrés ascendants la
dignité spirituelle.

« La légende d'Adam est commune à toutes les
humanités, à toutes les périodes commençantes des
Esprits. La tradition du fruit de science et du fruit
de vie n'est donc point particulière à la terre. Elle
représente le choix que font les âmes des deux routes
qui s'offrent à elles pour arriver au même but : la
perfection, le bonheur.

« Ainsi les légendes primitives, sous cet emblème
de l'arbre de vie et de l'arbre de science, ont présenté l'alternative et le choix offert à l'Esprit dans
son épreuve, ou des vies spirituelles qui menaient
l'Être par les hiérarchies progressives aux plus
hautes dignités et aux félicités des cieux ; ou des
existences matérielles, conquérant le progrès et le
bonheur de ces mêmes cieux par des expiations et
des efforts souvent rendus inutiles par de fréquents
retards. »

CHAPITRE IV

CAÏN ET ABEL. — POSTÉRITÉ DE CAÏN.

Adam connut Eve, sa femme (1), et elle conçut et enfanta Caïn, et elle dit : J'ai formé un homme à l'aide de Jéhovah. Et de nouveau elle enfanta Abel, son frère. Abel fut berger et Caïn, laboureur.

Il arriva, dans la suite, que Caïn présenta à Jéhovah une offrande des fruits de la terre, et qu'Abel aussi en offrit une des premiers nés de son troupeau et de leur graisse. Et Jéhovah regarda Abel et son offrande; mais il n'eut point égard à Caïn ni à son offrande. Et Caïn fut fort irrité, et il baissa la face.

Et Jéhovah dit à Caïn (4) : Pourquoi es-tu irrité, et pourquoi ta face est-elle abaissée ? Quand tu agis bien n'en es-tu pas récompensé ? Et quand tu fais mal, le péché qui se présente à ta porte et qui te domine, ne dois-tu pas le dominer (3) ?

Et Caïn parla à Abel, son frère. Et comme ils étaient aux champs, Caïn s'éleva contre Abel, son frère, et le tua.

Et Jéhovah dit à Caïn : Où est Abel, ton frère ? Et il dit : Je ne sais pas ; je ne suis pas le gardien de mon frère.

Et Jéhovah dit : Qu'as-tu fait ? La voix du sang de ton frère crie vers moi. Maintenant tu seras maudit sur la terre qui a ouvert sa bouche pour recevoir de ta main le sang de ton frère. Quand tu l'auras cultivée, elle te refusera ses produits : et tu seras vagabond et fugitif sur la terre.

Et Caïn dit à Jéhovah : Mon crime est trop grand pour que j'en supporte le poids. Voici que tu me rejettes de la face de la terre, je dois me cacher loin de toi ; je serai vagabond et fugitif, et ceux qui me trouveront me tueront (5).

Et Jéhovah dit : Non, car quiconque tuera Caïn, sera puni sept fois au double (6). Et Jéhovah mit un signe sur Caïn afin que ceux qui le trouveraient ne le tuassent point.

Et Caïn sortit de la présence de Jéhovah, et il s'établit dans la terre de Nod (7), à l'orient de Eden (8).

Et Caïn connut sa femme (9), et elle conçut, et elle enfanta Enoch, et il bâtit une ville, et il la nomma Enoch, du nom de son fils.

Et à Enoch naquit Irad : Irad engendra Maviaël ; Maviaël engendra Mathusaël, et Mathusaël engendra Lemech.

Et Lemech prit deux femmes, l'une du nom de Ada, l'autre du nom de Sella (10).

Ada enfanta Jabel, qui fut père de ceux qui habitent sous les tentes et parmi les troupeaux ; et le nom de son frère est Jubal : c'est le père de ceux qui jouent le kinnór et la flûte.

Sella enfanta Tubalcaïn qui devint habile à forger toutes sortes d'ouvrages d'airain et de fer (11). Noëma fut la sœur de Tubalcaïn.

Et Lemech dit à ses femmes Ada et Seïla : Femmes de Lemech, entendez ma voix, écoutez ma parole : je tuerai un homme, si l'on me blesse : même un enfant, si l'on me meurtrit. Car de même que Caïn était vengé sept fois au double, Lemech le sera soixante-dix-sept fois (12).

Adam connut encore sa femme, et elle enfanta un fils, et elle l'appela Seth, disant : Elohim m'a substitué un fils à la place d'Abel que Caïn a tué.

Et à Seth à son tour il naquit un fils, et il l'appela Enos (13). Alors on commença à invoquer le nom de Jéhovah (14).

(1) Adam, incarné, nous est présenté à l'âge adulte, comme tous ses descendants [1].

(2) Si Jéhovah « regarde » favorablement le sacrifice d'Abel et rejette celui de Caïn, c'est que ce dernier n'était évidemment que fourberie, jalousie et duplicité, ainsi que semble l'insinuer la suite du récit.

(3) Le texte hébreu de ce verset est très obscur. Nous en donnons le sens d'après ces paroles de l'Evangile, qui en sont le commentaire : « Lorsque

---

[1] La Genèse, en nous présentant Adam et Ève réunis à nouveau après leur incarnation, nous montre que le dépareillement des Esprits n'est pas toujours la conséquence *immédiate* de la chute, tout mythique que puisse être considéré ce couple symbolique.

vous présentez votre don à l'autel, si vous vous souvenez que votre frère a quelque chose contre vous, laissez là votre offrande devant l'autel et allez vous réconcilier auparavant avec votre frère, et puis vous reviendrez offrir votre don. » (Matthieu, V, 23-24.)

(4) Nous savons, par la révélation spirite, que Dieu ne communique avec l'homme que par l'intermédiaire des Esprits élevés, les Elohim de la Bible. — Si dans cette scène Jéhovah figure seul, c'est uniquement pour montrer l'énormité du crime commis par Caïn, et le châtiment qu'il appelle.

(5) Ce verset de la Genèse indique clairement que la terre était déjà peuplée avant l'incarnation d'Adam et d'Eve. Comment, en effet, Caïn pouvait-il craindre d'être tué, et par qui aurait-il pu l'être s'il n'y avait eu sur la terre, à cette époque, que son père et sa mère ?

Il y a donc une distinction essentielle à établir entre l'apparition de l'espèce humaine et l'incarnation d'Adam, qui, selon le Livre des Esprits (51), ne remonte guère au delà de 4,000 ans avant le Christ, tandis que la création de l'homme se perd dans la nuit des temps. La chronologie biblique se trouve ainsi, par le texte même de la Genèse, ramenée à ses véritables proportions, et dès lors doit cesser tout conflit entre la Géologie et la Bible.

(6) La vie de l'homme est entre les mains de Dieu qui seul peut en disposer. La peine de mort que l'homme se croit le droit d'infliger à son semblable est donc formellement condamnée par ces paroles de la Genèse.

(7) Nod en hébreu signifie exil.

(8) Ces mots sont une interpolation de copiste. Nous avons vu que Eden est un lieu idéal qui n'a jamais existé sur la terre ; Caïn ne pouvait donc pas se retirer à l'orient de ce lieu-là.

(9) Caïn prit une femme chez les populations indigènes parmi lesquelles il s'était retiré. Rien dans le texte n'indique que cette femme était sa sœur, comme on l'a imaginé gratuitement. Il est du reste à remarquer que la Bible ne parle pas plus des populations d'où descendait la femme de Caïn qu'elle ne donne des détails sur celles au milieu desquelles Adam et Eve furent incarnés. « Adam, dit le *Livre des Esprits* (50), ne fut ni le premier ni le seul qui peupla la terre ». — C'est donc figurément que la Bible le désigne comme le *chef de notre race*, de même que plus tard Abraham sera donné pour l'*unique père des Hébreux*.

(10) Ada et Sella sont, après Eve, les deux premières femmes nommées dans la Bible ; elles n'étaient assurément pas de la descendance de Caïn, car Moïse n'eût pas manqué de le dire, comme il l'a fait pour Noéma, la sœur de Tubalcaïn et de Jubal.

(11) Les instruments de musique, les tentes, les ouvrages de fer et d'airain dont il est ici question font supposer un état de civilisation déjà avancée, et indiquent par là même l'ancienneté déjà grande de l'espèce humaine à l'époque adamique.

(12) Ce Lemech montre un caractère irascible et indomptable comme son ancêtre Caïn, avec lequel il se compare complaisamment en renchérissant sur la légende du fratricide.

(13) Nouvelle preuve de l'existence d'autres habitants dans le pays d'Adam et d'Eve, puisque Seth, fils d'Adam, s'y marie et engendre Enos avant qu'il ne soit question des filles d'Adam. Celles-ci, du reste, ne sont mentionnées qu'incidemment, et rien encore dans le texte ne laisse supposer qu'elles aient épousé leurs frères, au contraire.

(14) Il est à croire que jusqu'au temps d'Adam, les hommes étaient réfractaires à l'idée religieuse, autrement la remarque de la Genèse n'aurait pas de sens. C'est la confirmation de l'existence des Préadamites

A propos de ces derniers, on s'est demandé par quelle étrange inconséquence Allan Kardec , qui reconnaissait que du texte même de la Genèse ressortait l'existence des Préadamites, a constamment donné à entendre dans son dernier ouvrage que l'âge du monde, selon la Bible, n'est que de six mille ans. Il y a là en effet une étrange contradiction, car enfin si avant Adam il y avait d'autres habitants, ce qu'Allan Kardec admet formellement (chapitre xiii), qui peut dire depuis quand la terre est peuplée ? Reconnaître les Préadamites, n'est-ce pas du même coup faire remonter la création de notre *espèce* dans les temps les plus reculés ? Et le Déluge lui-même ne perd-il pas par cela même son caractère d'universalité ? car alors il n'aurait atteint que la *race* d'Adam, qui est la nôtre, et dont la Bible nous entretient exclusivement. Voilà pourquoi l'Egypte était si florissante au temps d'Abraham, *c'est-à-dire quatre cents ans après le déluge,* sans parler de la Chine et de l'Inde qui semblent n'avoir jamais eu rien de commun avec la race adamique.

Allan Kardec a donc confondu le texte biblique avec l'interprétation vulgaire qu'on en donne, écueil dans lequel un esprit si judicieux aurait dû éviter de tomber. Ne lui en faisons cependant pas un trop gros reproche, car il y a vingt ans toutes ces questions étaient loin d'avoir reçu un commencement de solution comme de nos jours. De son temps, il y avait en spiritisme tant de choses à élucider que beaucoup d'autres que lui auraient succombé à la tâche.

———————

CHAPITRE V

GÉNÉALOGIE DES DESCENDANTS DE SETH

Telle est la généalogie d'Adam depuis le jour où Elohim créa l'homme, et le fit à la ressemblance d'Elohim (1) : mâle et femelle il les créa, les bénit et les nomma de leur nom d'homme au jour où ils furent créés (2).

Et Adam avait cent trente ans (3) quand il engendra son fils Seth à sa ressemblance et à son image. Et les jours d'Adam après la naissance de Seth furent huit cents ans, et il engendra des fils et des filles. Le temps de la vie d'Adam fut donc de neuf cent trente ans, et il mourut.

Et Seth avait cent cinq ans quand il engendra Enos ; et il vécut huit cent sept ans après la naissance d'Enos, et il engendra des fils et des filles. Et tous les jours de Seth furent de neuf cent douze ans, et il mourut.

Enos vécut quatre-vingt-dix ans, et il engendra Caïnan ; et depuis la naissance de Caïnan il vécut huit cent quinze ans, et il eut des fils et des filles. Et tous les jours d'Enos furent de neuf cent cinq ans, et il mourut

Caïnan vécut soixante-dix ans, et il engendra Malaléel ; et après avoir engendré Malaléel, Caïnan vécut huit cent quarante ans, et il engendra des fils et des filles. Ainsi tous les jours de Caïnan furent de neuf cent dix ans, et il mourut.

Malaléel vécut soixante-cinq ans, et il engendra Jared ; et après avoir engendré Jared il vécut huit cent trente ans, et il engendra des fils et des filles. Et la vie entière de Malaléel fut de huit cent quatre-vingt-quinze ans, et il mourut.

Jared vécut cent soixante-deux ans, et il engendra Enoch ; et Jared, après qu'il eut engendré Enoch vécut huit cents ans, et il engendra des fils et des filles. Ainsi tous les jours de Jared furent de neuf cent soixante-deux ans, et il mourut.

Enoch vécut soixante-cinq ans, et il engendra Mathusalem. Enoch marcha avec Elohim (4), et après la naissance de Mathusalem il vécut trois cents ans, et il eut des fils et des filles. Et tous les jours de Enoch furent de trois cent soixante-cinq ans, et Enoch fit route avec Elohim et il ne fut plus, car Elohim le prit (5).

Mathusalem vécut cent quatre-vingt-sept ans, et il engendra Lameck ; et Mathusalem après avoir engendré Lamech vécut sept cent quatre-vingt-deux ans, et il engendra des fils et des filles. Et tous les jours de Mathusalem furent de neuf cent soixante-neuf ans, et il mourut (6).

Lamech vécut quatre-vingt-deux ans, et il engendra un fils qu'il nomma Noé, disant : Celui-ci nous consolera de nos maux sur cette terre maudite de Jéhovah (7). Et Lamech vécut cinq cent quatre-vingt-quinze ans après avoir engendré Noé, et il engendra des fils et des filles. Et le temps de la vie de Lamech fut de sept cent soixante-dix-sept ans, et il mourut.

Et Noé était âgé de cinq cents ans quand il engendra Sem, Cham et Japhet (8).

(1) Selon le spiritisme, ces paroles signifient qu'Adam était incarné sur la terre pour la première fois depuis la création de l'homme.

(2) Ceci se rapporte à l'homme, c'est-à-dire à la création de l'espèce.

(3) Ce chiffre est le point de départ de la chronologie hébraïque, mais non la date de l'existence du monde et de l'homme. C'est pour n'avoir pas su faire cette distinction qu'on est tombé dans cette erreur que l'univers n'existe que depuis six mille ans, contrairement à l'esprit de la Bible ; car si la Genèse assigne une date à la naissance d'Adam, elle n'en donne aucune pour l'apparition de l'espèce humaine et encore bien moins pour la formation de la terre. La géologie et l'astronomie peuvent donc produire leurs découvertes tout à leur aise ; la Bible, sainement interprétée, ne les démentira jamais. Avis à MM. de Mortillet et Flammarion.

Au point de vue historique la Genèse est le plus précieux document de l'antiquité, et tout ce que rapportent, en cosmogonie comme en histoire, Bérose, Sanchoniathon et Manéthon, si appréciés de

nos jours depuis les découvertes faites en Orient,
est surpassé de beaucoup par les simples récits de
Moïse. Et n'est-il pas vraiment incroyable qu'au
moment où la science ethnologique et ethnographique se tourne ardemment vers le passé pour interro-
ger le sphinx et surprendre le secret de nos origines, il se trouve des hommes assez inconséquents
pour dénigrer la Genèse qui pourtant nous donne,
mieux qu'aucun autre livre, la clé du problème !
Existe-t-il quelque part rien de plus magnifique et de
plus précis que son chapitre x ! et n'est-ce pas cette
même Genèse qui a servi de point de repère à la
chronologie universelle !

(4) *Enoch marcha avec Elohim* : hébraïsme
qui indique la perfection morale de ce patriarche.

(5) La légende juive veut qu'Enoch ait été, de son
vivant, enlevé au Ciel, sans passer par la mort.
C'est une erreur. Enoch ayant eu des enfants
comme les autres patriarches, n'a pu être un agè-
nère tel que semble l'avoir été plus tard Melchissé-
deck, figurant le Christ, modèle le plus achevé dans
ce genre d'incarnations fluidiques, et dont Aristée
de Proconèse [1], Appolonius de Thyane chez les

[1] Voyez : *Hérodote*, IV, 13-15.

anciens, et tout récemment Katie King en Angleterre en ont été des exemples. — Le sens du texte biblique est que Enoch, en raison de sa perfection, fut délivré pour toujours de l'incarnation matérielle.

(6) Mathusalem est célèbre dans les fastes de la longévité humaine. — Cette longévité excessive des patriarches antédiluviens a beaucoup intrigué les commentateurs. Les uns n'y ont vu qu'une exagération de langage, les autres qu'une impossibilité. Disons tout de suite que le phénomène parait, en effet, assez extraordinaire; mais ajoutons que nous ne sommes pas encore en mesure de contrôler d'une manière précise une semblable durée de vie. A l'époque des grands cataclysmes, dont le Déluge mosaïque nous donne une juste idée, les conditions de la vie pouvaient être tout autres que celles dans lesquelles nous nous agitons. Dans tous les cas, la Bible, si exacte en d'autres points [1], ne saurait être en défaut sur celui-ci, le plus sage est donc d'attendre qu'on ait trouvé la clef du problème [2].

---

[1] Cela n'implique pas qu'il faille prendre à la lettre le « miracle » de Josué ou celui de Jonas. La Bible a d'autres titres à notre estime et à notre admiration.

[2] On a essayé différents calculs afin de ramener l'âge des

(7) Les tribulations terrestres ont toujours eu le don d'éveiller en l'homme l'idée d'une malédiction, et aucun peuple n'a pu se soustraire à ce sentiment d'effroi. C'est qu'en effet en face des calamités publiques la conscience se trouble promptement, et l'on se persuade facilement que l'on est coupable, comme le dit si bien Mme de Staël.

(8) C'est du vivant de ces personnages qu'eut lieu le fameux Déluge. — Un des côtés caractéristiques de la Bible, c'est de nous montrer toujours, dans les fléaux naturels, la justice divine armée contre le crime; cependant, ce que l'on appelle improprement la « vengeance de Dieu » n'est pas autre chose que les moyens dont il se sert pour ramener l'homme au devoir.

Parmi les catastrophes mémorables qui ont assailli notre globe et son humanité, le Déluge biblique tient le premier rang. On l'a appelé universel non parce qu'il a atteint le globe tout entier (Genèse IX, 10), mais parce que le souvenir s'en est conservé chez

patriarches dans des limites plus acceptables, mais aucun n'a encore donné de résultats satisfaisants. Celui, par exemple, de prendre les années pour des mois a dû être abandonné le premier, puisque dans cette hypothèse la plupart des patriarches se seraient mariés avant dix ans !...

presque tous les peuples [1]. Aussi le fait est-il indéniable.

Mais la Bible n'est pas seule à nous montrer le côté « vengeur » du Déluge; la tradition païenne était dans le même esprit, et l'on peut s'en convaincre en lisant la splendide description qu'Ovide donne de ce grand cataclysme dans ses immortelles *Métamorphoses.*

Pour bien comprendre le jeu providentiel des fléaux destructeurs il faut ne pas isoler la vie terrestre de la vie spirituelle *dont elle est le contre-coup.* Ici-bas l'homme rapporte tout à la terre et ne peut comprendre qu'il subisse une peine dont il n'aperçoit pas la cause; mais en s'élevant, grâce au spiritisme, au-delà de ce monde matériel, on ne doute plus alors que tout ce qui nous arrive de désastreux ici-bas, *en dehors du fait de notre imprévoyance personnelle,* ne soit comme un billet à payer à échéance fixe.

[1] Pour l'Inde, la légende du Déluge ne se trouve pas consignée dans les Védas, comme l'a dit Allan Kardec (Genèse, ch. IX, 5.), mais bien dans le Mahabharata, lequel est postérieur au Pentateuque, qui, par conséquent, ne peut la lui avoir empruntée. — Voir la note précédente sur les livres sacrés de l'Inde, p. 133.

« Dans l'état d'infériorité où se trouve encore votre planète, disent les Evangiles de Roustaing (1 vol., p. 433), les fléaux, la peste, la famine comme la guerre servent au progrès des peuples, car ils servent à l'accomplissement des épreuves, des expiations, au développement de la civilisation, de la science, du progrès moral et intellectuel, en ouvrant les voies à l'activité, à la pratique du dévoûment et de la charité. Les hommes qui en sont les victimes le sont volontairement, parce qu'ils ont à titre d'épreuve, d'expiation ou de mission, fait choix de naître dans une contrée, dans une famille, de vivre où se trouver dans un milieu que doivent éprouver ce que vous appelez des fléaux. Ce sont bien des fléaux en ce sens qu'ils frappent indistinctement grands et petits, rappelant ainsi à l'homme que devant la puissance divine toutes les têtes sont à la même hauteur, et qu'une fois tombées, elles rasent toutes le sol. »

· Mais Dieu ne pouvait-il employer pour l'amélioration de l'humanité d'autres moyens que les fléaux destructeurs? — « Oui, répond le *Livre des Esprits* (738), et il les emploie tous les jours, puisqu'il a donné à chacun les moyens de progresser par la connaissance du bien et du mal. C'est l'homme qui n'en profite pas ; *il faut bien le châtier dans son orgueil et lui faire sentir sa faiblesse.* »

Dans la Bible, la raison morale du Déluge est motivée par la corruption des hommes. *Toute chair avait corrompu sa voie*, est-il dit ; et, chose étrange, la contagion avait même gagné les phalanges célestes. Voici le texte :

Quand les hommes commencèrent à se multiplier sur la terre et qu'ils eurent engendré des filles, il arriva que les fils d'Elohim (9), voyant que les filles de l'homme étaient belles, prirent pour femmes parmi elles, toutes celles qui leur plurent (10).

Et Jéhovah dit : Mon Esprit ne peut se maintenir dans l'homme parce qu'il est chair (11), ses jours seront de cent vingt ans (12).

Et au temps où les fils d'Elohim furent venus vers les filles de l'homme (13), il y eut sur la terre des géants, hommes fameux de leur temps (14).

Jéhovah vit que la méchanceté de l'homme était grande sur la terre et que le mouvement des pensées de son cœur était constamment dirigé vers le mal ; et Jéhovah se repentit d'avoir fait l'homme et en fut affligé dans son cœur.

Et Jéhovah dit : J'exterminerai de la face de la terre l'homme que j'ai créé, depuis l'homme jusqu'au bétail, depuis le reptile jusqu'aux oiseaux du ciel, car je me repens de les avoir faits (15).

(9) Nous avons vu que le pluriel Elohim désigne les Esprits supérieurs élevés. — Ces « fils » d'Elohim dont parle la Genèse ne sont donc autres que les Esprits en voie d'ascension normale, *infaillis jusque-là*. — Voir à ce sujet (1ʳᵉ Partie) ce qui a été dit de la *paternité céleste*.

(10) De là est venue la légende des Incubes, connue dès la plus haute antiquité, et contre laquelle il serait inutile de protester : le fait est indéniable. Ce sont ces amours hybrides que Lamartine a célébrées dans la *Chute d'un Ange*.

(11) La chair est le grand ennemi de l'esprit. L'esprit est prompt, la chair est faible dit l'Evangile. — Voir précédemment (page 133), l'extrait de la Baghavad-Gita.

(12) Cette réduction de la vie humaine ne s'accomplit que lentement, comme toutes les opérations de la nature[1]. « Dieu est patient, dit saint Augustin, parce qu'il est éternel. »

(13) Les incubes sont inféconds. Ceci doit donc s'entendre du temps où les « fils » d'Elohim s'incar-

[1] Il est très important de remarquer que, dans le texte, c'est *Jéhovah* qui prononce la sentence *contre les fils d'Elohim*. — Ce passage finit de nous éclairer sur la distinction qu'il faut faire des noms « Elohim » et « Jéhovah. »

nèrent et eurent commerce avec les filles de la terre; car, nous l'avons dit, c'est là une des grandes causes de déchéance et l'un des principaux motifs de l'incarnation matérielle.

(14) La race des géants est célèbre dans la mythologie grecque. Historiquement parlant, les constructions cyclopéennes, celle de Tyrinthe, par exemple, sont une preuve irréfragable de leur existence et de leur puissance.

(15) On se demande comment Dieu peut bien se repentir? Sûrement il ne se « repent » pas à la manière de l'homme. — Il y a tant de choses que nous ne pouvons saisir dans la nature humaine qu'il serait vraiment insensé de vouloir pénétrer dans la nature divine!... « Vous avez assez de choses qui vous touchent plus directement, A COMMENCER PAR VOUS-MÊMES, dit le *Livre des Esprits* (14); étudiez vos propres imperfections afin de vous en débarrasser, *cela vous sera plus utile que de vouloir pénétrer ce qui est impénétrable.* »

C'est la tâche que nous nous sommes proposée.

CONCLUSION

Nous avons pris dans les ouvrages fondamentaux du spiritisme, principalement dans le *Livre des Esprits* d'Allan Kardec et les *Quatre Évangiles* de J.-B. Roustaing, la clef de la Genèse. Cette clef nous a permis de constater que l'accord le plus intime règne entre Moïse, le Christ et les Esprits, c'est-à-dire entre les trois grandes révélations : mosaïque, messianique et spirite, se complétant les unes par les autres.

Grâce à cette clef, nous avons pu lire couramment dans le texte antique, lequel, à son tour, est venu corroborer tout ce que nous avons développé dans notre étude, touchant l'androgynie spirituelle et la tradition de la chute.

En exposant, selon nos forces, ces grandes vérités, nous n'avons eu qu'un but : montrer à l'homme sa véritable patrie, et, conséquemment, le détacher de la matière, source de tout égoïsme.

Dieu veuille que nous l'ayons atteint !

TABLE

www.ingramcontent.com/pod-product-compliance
Lightning Source LLC
Chambersburg PA
CBHW070807270326
41927CB00010B/2331